학문론 또는 이른바 철학의 개념에 관하여

J. G. 피히테 지음

이 신 철 옮김

학문론 또는 이른바 철학의 개념에 관하여

J. G. 피히테　지음

이 신 철　옮김

철학과현실사

J. G. Fichte, *Über den Begriff der Wissenschaftslehre oder der sogenannten Philosophie*, in: *Fichtes Werke* I, hg. von I. H. Fichte, Walter de Gruyter & Co., S. 27-81. (Erste Ausgabe: Weimar, Industrie-Comtoir, 1794. Zweite verbesserte und vermehrte Ausgabe: Jena und Leibzig, Gabler, 1798)

옮긴이의 글

이 책은 피히테(J. G. Fichte)의 *Über den Begriff der Wissenschaftslehre oder der sogenannten Philosophie*, in: *Fichtes Werke* I, hg. von I. H. Fichte, Walter de Gruyter & Co., S. 27-81을 옮기고 거기에 옮긴이가 쓴 「피히테의 학문론 개념과 철학의 체계이념」을 덧붙인 것이다. 옮긴이가 덧붙인 논문은 본래 「피히테의 학문론 개념과 철학 체계의 이념」이란 제목으로 관동대학교 인문과학연구소의 『인문학연구』 제3집에 실었던 것을 피히테의 『학문론 또는 이른바 철학의 개념에 관하여』에 붙이는 해제를 염두에 두고 전체적으로 손보되 몇몇 부분에서는 좀더 상세하게 고쳐 쓴 것이다.

피히테의 학문론 개념과 그 체계 방향을 처음으로 드러내고 있는 이 『학문론의 개념에 관하여』가 피히테 철학에 대해서나 철학사 내지 철학 자체에 대해 지니는 의의는 일반적으로 잘 알려져 있지 않다. 하지만 이 저작이 "독일 관념론 전체의 강령저술"로서 그것이 지닌 "근본사상이 셸링과 헤겔에 의하여 부정되지 않으며 오히려 다만 구체화될 뿐"이라는 비토리오 회슬레의 평가는 독일 관념론에 대해 이 저작이 지닌 중요성을 시사한다. 더 나아가 이 저작 자체가 철학의 체계이념과 관련하여 원리들의 최상의 학문으로서의 철학의 이념을 그야말로 엄밀하고도 완결적인 구조 속에서 전개하고 있다는 점을 떠올린다면, 우리는 이 저작이 철학의 이해를 위해 어떤 근본적인 의의를 지니고 있을지를 짐작하게 된다. 『학문론의 개념에 관하여』가 지닌 이러한 중요한 의의는 독자들의 독해를 통해 자연스럽게 드러나게 될 것이다.

　사실 옮긴이 자신이 이 저작에 매료된 것은 피히테 자신보다는 헤겔에 대한 이해와 관련해서였다. 옮긴이가 가졌던 문제의식은 헤겔의 『논리의 학』과 같은 저작이나 『엔치클로페디』 체계와 같은 것이 도대체 어떻게 이해될 수 있을 것인지 하는 것이었다. 부분들을 읽어나가고 경우에 따라서는 이해할 수 있을 듯한 느낌도 가지지만, 우리에게 주어진 그대로의 그 전체의 윤곽과 그것이 지니는 의미를 이해하는 것은 한마디로 요령부득이었고, 그리하여 옮긴이에게 가령 헤겔의 체계는 터무니없거나 인간의 이해를 넘어서는 그런 철학으로 여겨지기도 했던 것이다. 하지만 옮긴이는 피히테의 『학문론의 개념에 관하여』를 독해함으로써 최종적으로 근거지어진 하나의 철학체계 이념이 한갓된 망상의 산물이 아니라 철학이라는 학문의 내적 본성 및 이성의 내적 필연성을 지닌 요구라는 것을 이해할 수 있었다. 물론 이를테면 피히테, 셸링, 헤겔에게 있어서 이러한 철학의 체계이념이 얼마나 구체적으로 완벽하게 실현되었는가 하는 것은 다른 문제이겠지만, 어쨌든 철학의 체계이념 자체는 이해될 수 있는 역사적 전제와 논리적 근거를 지니고 있었던 것이다. 이러한 옮긴이의 이해는「피히테의 학문론 개념과 철학의 체계이념」에서 나름대로 상세하게 개진되고 있는데, 그러한 이해 역시 독자들의 독해를 통해 설득력 있게 전달되었으면 하는 바람이다.

여기서 한 가지 지적해 둘 것이 있는데, 그것은 번역 용

어와 관련된 문제이다. 독자들의 첫눈에 띌 것처럼 옮긴이
는 몇 가지 용어에서 통상적인 것들과는 다른 번역어를
채택했다. 옮긴이는 예를 들어 Wissenschaftslehre를 지식
학이나 지식론이 아닌 학문론으로, Grundsatz를 원칙이 아
닌 근거명제로, 그리고 Transzendental-Philosophie를 선험
철학이나 초월철학이 아닌 선험론철학으로 옮겼다. 이 자
리에서 이런 번역어 선택과 관련한 정당화가 시도될 수는
없지만, 옮긴이로서는 그 선택의 정당성이 저작의 번역문
전체를 통해서나 뒤에 붙인 옮긴이의 논문을 통해 자연스
럽게 드러날 수 있기를 기대한다.

일반적으로 이론철학에 대한 몰두는 인간존재의 다른 층들을 위축시킬 추상성의 위험을 자기 내에 담고 있다. 그런 의미에서 이 저작을 옮기는 과정에서 국제문제조사 연구소의 동료들이 제기한 철학의 현실적 의미와 관련된 문제들은 옮긴이의 또 다른 과제일 것이다. 일일이 거명하지 못하지만 옮긴이에게 문제 제기해 준 모든 동료들에게 이 자리를 빌려 진심으로 감사드린다. 하지만 사실을 말하자면 철학과 현실의 연관이야말로 옮긴이에게도 본래 가장 근본적인 물음이라는 대답을 빼놓는다면 오히려 정직하지 못한 일일 것이다. 어쨌든 『학문론의 개념에 관하여』

라는 이 저작이 비록 적은 분량이지만, 서적이 가지는 의의는 그 외적 부피에 따라서가 아니라 이해를 위한 시간과 그 시간에 상응하여 다가오는 이해에 따라서 평가될수 있을 것이라는 점을 되새기며, 아무쪼록 이 저작이 옮긴이에게 그랬던 것처럼 독자들에게도 큰 결실을 가져다주기를 기원한다.

2005년 4월

도곡동에서 **이 신 철**

차 례

옮긴이의 글 / 5

제 1 판 서 문 / 17
제 2 판 서 문 / 25

제 1 편 학문론 일반의 개념에 관하여

§ 1. 가설적으로 세워진 학문론의 개념 / 37
§ 2. 학문론의 개념의 전개 / 52

제 2 편 학문론의 개념에 대한 논구

§ 3. (학문론의 개념에 관한 상세한 논구의 과제) / 75

§ 4. 학문론은 인간의 지식 일반을 남김없이 파헤쳤다는 것을 어느 정도로 보증할 수 있는가? / 80

§. 5 보편적 학문론을 특수한 학문, 즉 학문론에 의해 근거지어지는 학문으로부터 가르는 한계는 어떤 것인가? / 91

§ 6. 보편적 학문론은 특별히 논리학에 대해 어떤 관계를 맺고 있는가? / 99

§ 7. 학문으로서의 학문론은 자기의 대상에 어떤 관계를 맺고 있는가? / 107

피히테의 학문론 개념과 철학의 체계이념 _ 이신철

1. 들어가는 말 : 철학의 체계이념의 문제 / 131

2. 철학의 과제와 학문론 일반의 개념의 전개 / 142

   (1) 철학 이념의 재규정과 학문론의 개념의 가설적 제기 / 147

   (2) 학문론의 개념의 전개 / 152

   (3) 학문론의 개념을 상세하게 해명하기 위해 제기되는 과제들 / 158

   (4) 학문론은 인간의 지식 일반을 남김없이 파헤쳤다는 것을 어느 정도로 보증할 수 있는가? / 161

   (5) 보편적 학문론을 특수한, 즉 학문론에 의해 근거지어지는 학문으로부터 구분하는 한계는 어떤 것인가? / 165

   (6) 보편적 학문론은 특별히 논리학에 대해 어떤 관계를 지니는가? / 167

   (7) 학문으로서의 학문론은 자기의 대상에 어떤 관계를 맺고 있는가? / 171

3. 학문론의 개념에 대한 반성적 검토 / 177

4. 맺는 말 : 피히테의 주관적 관념론의 한계와 체계이념의 실현 과제 / 198

제 1 판 서 문

[29] 이 논고의 저자는 새로운 회의주의자들, 특히 아이
네시데무스(Aenesidemus)[1])와 탁월한 마이몬(Maimon)[2])의

---

1) [옮긴이 주] 이전에 슐름포르타에서의 피히테의 학우이자 1788
년 이래 헬름슈테트의 철학교수였던 에른스트 고트로프 슐체
(Ernst Gottlob Schulze)가 익명으로 출간한 다음의 저작이다.
『아이네시데무스 또는 예나에서 라인홀트 교수가 제시한 요소
철학의 토대에 관하여. 이성 비판의 월권에 대항하여 회의주의
를 변호하면서』(*Aenesidemus, oder über die Fundamente der von
dem Herrn Professor Reinhold in Jena gelieferten Elementar-
philosophie. Nebst einer Verteidigung des Skeptizismus gegen die
Anmaßungen der Vernunftkritik*) 여기서 아이네시데무스는 크노

저술들을 읽게 된 것을 통해 저자에게 이미 이전부터 지극히 그럴 듯하게 보였던 것에 대해 전적으로 확신하게 되었다. 그 확신이란, 철학이 대단히 명민한 사람들의 최근의 노력을 통해서조차 여전히 명증한 학문(evidente Wissenschaft)의 반열에 올라서지 못했다는 것이다. 저자는 그 이유를 발견했다고 믿었으며, 또한 비판 철학에 대한 회의주의자들의 아주 잘 근거지어진 저 모든 요구들을 완전히 만족시킬 수 있고 나아가 상이한 독단적 체계들의

소스 출신의 그리스 회의주의 철학자의 이름이다. 어쨌든 피히테는 블뢰머(Wloemer)에게 1793년 11월에 보낸 한 편지에서 자기가 슐체의 아이네시데무스에 의해, 즉 "단호한 회의주의자의 작품을 통해 철학은 학문의 상태로부터는 아직 멀리 떨어져 있다는 것과 나 자신의 지금까지의 체계를 포기하고 확고한 체계를 모색해야 할 필요가 있다는 명확한 확신에 도달"했음을 고백하고 있다.

2) [옮긴이 주] 살로몬 마이몬(Salomom Maimon). 폴란드 출생의 마이몬은 M. 멘델스존에게 배우고 D. 흄의 영향을 받았다. 비판적 관념론의 입장에서 칸트 철학의 창조적 비판을 시도한 그는 칸트 철학의 물 자체 개념을 부정하고, 비판 철학에서의 핵심은 의식과 표상뿐이라고 주장, 오로지 의식의 세계만을 고찰의 대상으로 삼았다. 이러한 그의 비판은 당사자인 칸트를 비롯하여 피히테, 셸링 등에 의해 높이 평가되었다. 주요 저서로는 『선험 철학시론』(*Versuch über die Transzendentalphilosophie*, 1790) 등이 있다.

서로 다투는 주장들이 비판 철학에 의해 통합된 것과 동일한 방식으로 독단적 체계와 비판적 체계 일반의 서로 다투는 주장들을 통합하는 손쉬운 길을 발견했다고 믿었다.3) 저자가 아직도 여전히 수행해야 할 것들에 대해서 스스로 자신의 계획을 완수했다거나 [30] 계속해서 그 계획에 대해 침묵했다고 말하는 것은 저자에게 익숙한 일이 아니다. 하지만 현재의 이 기회는 저자에게, 저자의 여가를 지금까지 기울여온 데 대해서나 저자가 미래를 그에

---

3) 제1판에서는 여기에 다음과 같은 주해가 뒤따르고 있다: 둘 사이에 자리잡고 있는 본래적인 다툼, 요컨대 그 가운데서 회의주의자들이 상식의 주장들을 가지고서, 즉 물론 심판관으로서는 아니지만 법률조항들에 따라 단연코 청취해야 할 증인으로서 간주되는 상식의 주장들을 가지고서 당연히 독단론자의 편을 공격한 그 다툼은 아마도 **우리의 인식과 물 자체와의 연관**에 관한 다툼일 것이다. 그리고 그 다툼은 다가올 학문론에 의해 아마도, 우리의 인식이 물론 표상을 통해 직접적으로는 아니지만 아마도 간접적으로 **감정**을 통해 물 자체와 연관되리라는 식으로 판가름 날 수 있을 것이다. 다시 말하자면 사물들은 물론 단순히 **현상들로서 표상**되겠지만 그러나 **물 자체로서 느껴지리라**는 것, 나아가 감정이 없으면 전혀 어떠한 표상도 가능하지 않겠지만 물 자체들은 다만 **주관적으로만**, 다시 말해 그것들이 우리의 감정에 작용하는 한에서만 인식된다는 것으로 판가름날 수 있으리라는 것이다.

바치고자 생각하고 있는 작업들에 대해서 해명하라고 요구하는 것처럼 보인다.

다음의 탐구는 가설적인 타당성 이외에 다른 타당성을 요구하지 않는다. 하지만 그렇다고 해서 저자가 증명되지 않은 전제들에 다름 아닌 것을 자기의 주장 일반의 근거로 삼을 수 있다고 하는 결론이 나오는 것은 아니다. 그럼에도 불구하고 또한 저자의 주장들이 좀더 심오하고 확고한 체계의 결과라고 하는 것도 아니다. 물론 저자는 몇 년 후에는 그러한 체계를 그와 같은 체계에 걸맞은 형태로 독자들에게 내놓을 수 있을 것이라 약속드린다. 그러나 이미 지금 저자는 전체를 다 검토해 보기 전에는 부인하지 않는 관대함을 기대하고 있다.

이 글의 첫 번째 의도는 저자를 초청한 대학의 젊은 연구자들이, 과연 그들이 학문들 가운데 첫 번째 학문의 길에서 저자의 안내를 신뢰할 수 있을 것인지를, 그리고 과연 저자가 이 학문에 관해 그들이 학문의 길을 치명적인 실수를 범하지 않고서 걸어가기 위해 필요로 하는 만큼의 빛을 비추어줄 수 있을 것인지를 판단할 수 있도록 하자는 것이었다. 두 번째 의도는 저자의 시도에 관해 저자의 후원자들과 친구들의 판단을 얻어보고자 하는 것이었다.

이 저술을 손에 넣게 될 첫 번째나 두 번째에 속하지 않는 사람들에 대해서는 다음과 같은 점을 해명해 두고자 한다.

저자는 인간의 오성이, 칸트가 특별히 그의 판단력 비판에서 거기에 서 있었지만 우리에게 결코 명확히 규정해 주지는 않았고 또 유한한 지식(Wissen)의 궁극적인 한계로서 제시했었던 바로 그 한계보다 더 멀리 나아갈 수 없을 것이라고 지금까지 마음속 깊이 확신해 왔다. 저자는 칸트가 직접적으로든지 간접적으로든지, 명확하게든지 모호하게든지 암시하지 않았던 것을 결코 말할 수 없으리라는 점을 알고 있다. 저자는, 스스로 철학하는 판단력을 발견하게 된 입장으로부터 [31] 종종 마치 좀더 고차적인 영감에 의해 이끌려지기나 하는 것처럼 그 판단력을 그토록 강력하게 그것의 최종적인 목표에 대한 반대로 이끌어간 사람의 천재성을 파헤치는 것은 미래의 세대에게 맡기고자 한다. ― 저자는 또한 그와 마찬가지로 칸트의 천재적인 정신 이후 철학에게 라인홀트[4]의 체계적인 정신에 의

---

4) [옮긴이 주] 칼 레온하르트 라인홀트(Karl Leonhard Reinhold). 라인홀트는 독일의 칸트학파 철학자들 가운데 한 사람이다. 그의 『칸트 철학에 관한 서한』(1786-1787)이 출간됨으로써 칸트

해서보다 더 고차적인 선물이 주어진 적이 없었다고 진심으로 확신하고 있다. 그리고 저자는 후자의 요소-철학이, 누구의 손으로 이루어지든지 간에 철학이 필연적으로 이루어야만 하는 또 다른 진보들에서도 언제나 주장하게 될 영예로운 위치를 꿰뚫고 있다고 믿는다. 어떤 하나의 공로를 제멋대로 부인한다든지 그것을 축소시키고자 하는 것은 저자의 사유양식 속에는 존재하지 않는다. 저자는 학문이 일찍이 올라섰던 각각의 모든 단계는 학문이 좀더 고차적인 단계에 들어설 수 있기 전에 먼저 올라서 있어야만 했다는 점을 통찰하고 있다고 믿는다. 저자는 다행스러운 우연에 의해 탁월한 작업자들 이후에 작업하게 된 것을 참으로 개인적인 공로로 여기지 않는 것이다. 그리고 저자는 가령 여기서 성립할 수 있었던 모든 공로가 발견의 행운이 아니라 탐구의 성실성에 기인한다는 점을 알고

철학은 독일의 학계는 물론 지식층 전반에 침투하게 된다. 그는 칸트 철학에서의 근원적 원리를 추구하였다. 여기 피히테의 언급에서 문제되는 그의 저술은 『지금까지 철학자들의 오해를 시정하기 위한 기고, 제1권 요소 철학의 토대에 관하여』(*Beyträge zur Berichtigung bisheriger Mißverständnisse der Philosophen, Erster Band das Fundament der Elementarphilosophie betreffend*, Jena, 1790)이다.

있는 바, 모든 이는 오로지 그와 같은 성실성 위에서만 자기 자신의 방향을 잡고 보답받을 수 있는 것이다. 저자가 이와 같은 점을 말한 것은 저 위대한 사람들이나 그들에게 비견되는 자들을 위해서가 아니라 전혀 그렇듯 위대하지 못한 다른 사람들을 위해서이다. 저자가 그와 같이 말한 것을 불필요하다고 여기는 사람은 저자가 그 말을 그들을 위해 말한 자들에 속하지 않는다.

저 진지한 사람들 이외에 또한, 철학자들에게 자기의 학문에 대해 과도한 기대를 걸게 됨으로써 스스로를 우습게 만들지 말 것을 경고하는 좀더 야유조의 사람들도 존재한다. 나는 모두에게는 쾌활함이 일단 생득적인 까닭에 모두가 마음속으로부터 정당하게 웃을 수 있는 것인지, 아니면 그들 가운데에는 그저 웃음을 터트림으로써 그들이 개념적인 근거들로부터 기꺼이 보지 못하는 시도를 세상사에 어리석은 연구자가 꺼림칙하게 여기도록 하는 사람들은 없는 것인지[5]는 결정하고자 하지 않는다. 내가 아는 한 나는 지금까지 그와 같은 높은 기대를 표명함으로써 그들의 기분에 어떠한 자양분도 준 적이 없기 때문에, 내게는

---

5) 그들은 다른 이의 잘못을 비웃는다(Malis rident alienis).

아마도 누구보다도 먼저, 철학자나 더 나아가서는 [32] 철학 때문에가 아니라 그들 자신 때문에, 이 시도가 확실히 실패하거나 포기될 때까지는 웃음을 참아줄 것을 그들에게 요구할 것이 허락될 것이다. 그때 그들이 그들 자신이 속하는 인류에 대한 우리의 믿음이나 인류의 위대한 소질에 대한 우리의 희망을 비웃게 될지라도, 그리고 그때 그들이 인류는 도대체 어쩔 수 없으며, 과거에도 그랬고 앞으로도 계속해서 그럴 것이라는 자신들의 위로의 말을 되풀이하게 될지라도, 종종 그렇듯이 그들이 위로를 필요로 하게 되기를!

제 2 판 서 문

이 자그마한 저술이 매진되었다. 나는 내 강의들에서 그
것에 관계하기 위해 그 저술이 필요했다. 또한 그것은 **독
일 학회 철학지**(Philosophischen Journal einer Gesell-
schaft deutscher Gelehrten)에서의 몇몇 논문들을 제외하
면, 지금까지 학문론(Wissenschftslehre)에서의 철학함에
관해— 스스로 철학하고, 따라서 이 체계로의 입문에 이
바지하는 유일한 저술이다. 이러한 이유들로 인해 나는 이
저술의 새로운 판을 준비하게 되었다.

이 저술의 명확한 제목과 그 내용에도 불구하고 사람들

은 심지어 이 저술의 목적과 본질마저도 자주 오해했다. 그러므로 이 제2판에서는, 내가 제1판에서는 전적으로 불필요하다고 여겼던 것이지만 바로 그 점들에 관해 서문에서 분명하게 설명하는 것이 필요할 것이다.

다시 말하자면 한낱 이른바 물 자체들에 관한 학설이 아니라, 우리의 의식 안에서 출현하는 것의 발생적 도출이어야만 하는 형이상학에 관해서는 그 자체로 거듭해서 철학할 수 있는 바, — 그와 같은 학문의 가능성, 본래적인 의미, 규칙들에 관한 탐구들이 시도될 수 있다는 것이다. 그리고 이러한 일이 이루어지는 것은 그 학문 자체의 취급을 위해서도 아주 유리할 것이다. 그와 같은 탐구들의 체계는 철학적 측면에서 비판이라고 불린다. 최소한 우리는 다만 그렇게 제시된 것만을 이 이름으로 불러야 할 것이다. 비판은 그 자체가 형이상학이 아니라 [33] 그것 너머에 놓여 있다. 다시 말하자면 비판이 형이상학에 대해 맺는 관계는 바로 형이상학이 자연적 오성의 일상적인 견해에 대해 맺는 관계와 마찬가지라는 것이다. 형이상학은 이 후자의 견해를 설명하며, 그 자신은 비판에서 설명된다. 본래적인 비판은 철학적 사유를 비판한다. 그러므로 철학 자체가 또한 비판적이라고 일컬어져야 한다면, 우리는 그에 대해 다만 그것이 자연적 사유를 비판한다고 말할 수 있다는 것이다. 순수한 비판 — 예를 들어 스스로를 비판이라고 내세우는 칸트의 비판은 전혀 순수하지 않으며, 오히려 대부분 그 자체가 형이상학이다. 그것은 때로는 철학적 사유를 비판하고, 때로는 자연적 사유를 비판하는 것이다. 이 점은, 비판이 다만 방금 이루어진 구별을 한편으로 일반적으로 명확히 제시하고 다른 한편으로 개별적 탐구들에서 이 탐구들이 어떤 영역에 놓여 있는지를 시사하기만 했더라면, 비판 그 자체에 전혀 비난거리가 되지 않았을 것이다. — 내가 말하는 것은 순수한 비판에는 어떠한 형이상학적 탐구도 뒤섞여 있지 않다는 것이다. 순수한 형이상학 — 스스로를 형이상학으로서 내세우는 학문론에 대한 지금까지의 취급들은 이러한 견지에서 순수하지 않으며, 또한 그럴 수도 없었다. 왜냐하면 이 일상적이지 않은 사유양식은 오로지 그에 덧붙여진 비판적 암시의 도움을 통해서만 스스로에 이르는 몇 가지 입구를 약속할 수 있겠기 때문이다. — 내가 말하는 것은 순수한 형이상학은, 우리로 하여금 이미 먼저 순수하게 형이상학에 이르게 해주는 그러한 비판 이외에 좀더 멀리 나아간 비판은 포함하지 않는다는 것이다.

위에서 말한 것이 뒤에 이어질 저술의 본질을 정확히 규정하고 있다. 이 저술은 학문론의 비판 부분이지만, 결코 학문론 자체가 아니며, 또는 학문론의 한 부분이다.

이 저술은 이러한 비판 부분이라고 나는 말했다. 그것은 특별히 일반적 지식에 대한, 그리고 일반적 지식의 입장에서 지식의 질료에 따라 가능한 학문들에 대한 학문론의 관계를 서술하는 데 종사한다. 그러나 또한 우리의 체계에 대한 올바른 개념을 산출하고, 그 체계에 대한 오해를 방지하며, 이 체계에 이르는 입구를 창출해 줄 수 있는 데에 아주 많은 기여를 할 수 있는 또 다른 고찰이 존재한다. 그것은 형식에 따라 일반적인 사유에 대한 선험론적 (transzendental) 사유의 관계에 관한 고찰, 즉 [34] 그로부터 선험론 철학자가 모든 지식을 파악하는 관점과, 사변에서의 그의 심정에 대한 기술이다. 저자는 이러한 점들에 관해 학문론의 새로운 서술에 대한 두 개의 서론에서(위에서 언급된 철학지의 1797년 호에서),[1] 특히 두 번째 서

---

1) [옮긴이 주] 여기서 두 개의 서론은 「학문론에로의 첫 번째 서론」(Erste Einleitung in die Wissenschaftslehre)과 「학문론에로의 두 번째 서론」(Zweite Einleitung in die Wissenschaftslehre)을 가리킨다.

론에서 어느 정도 명확하게 설명했다고 믿는다. ─ 학문과 그에 대한 비판은 상호적으로 서로를 뒷받침하며 또 설명해 준다. 학문론 자체의 순수한 서술이 가능해질 때라야 비로소 학문론의 방법에 관해 체계적이고 완전하게 해명하는 것이 쉬워질 것이다. 여러분께서는 언젠가 저자 자신이나 또는 다른 사람이 완성할 수 있기까지는 저자의 잠정적이고 불완전한 작업을 관대하게 보아주시기를 바란다!

이 새로운 판에서는 다만 충분히 명확하지 않았던 몇 가지 어법들과 표현들이 변화되었을 뿐이며, 체계로 하여금 이제는 그로부터 벗어날 수 있는 논란들에 휘말리게 했던 텍스트 아래의 몇몇 주해들과, 처음 작성할 때에는 다만 일시적인 목적만을 지녔고 그 이후 그 내용이 『전체 학문론의 기초』(*Grundlage der gesammten Wissenschaftslehre*, 1794)에서 좀더 상세하고 분명하게 진술된 제3편 전체(학문론의 가설적 구분)는 생략되었다.

내가 나의 체계를 처음으로 알렸던 저술을 다시 출판하게 되는 까닭에, 아마도 이 체계가 지금까지 부딪쳐 온 수용의 역사에 관해 몇 가지를 거론하는 것이 부적절하지는 않을 것이다. 잠정적으로 조용히 침묵하고 스스로 어느 정도 곰곰이 생각해 보는 좀더 이성적인 태도를 취했던 사람은 거의 없었다. 좀더 많은 사람들은 새로운 현상에 관한 자신들의 우둔한 놀라움을 노골적으로 드러냈으며, 그 새로운 현상을 어리석게 비웃고 고약하게 조롱하며 받아들였다. 이들 가운데 좀더 선의를 지닌 사람들은 저자의 변명에 대해 전체 사태가 그저 나쁘게 고안된 농담일 뿐이라고 믿고자 했던 반면, 다른 사람들은 저자를 곧바로 "모종의 자비로운 자선의 내면에서" 어떻게 처리할 수 있을 것인지를 진지하게 따져 물었다. — 만약 우리가 일정한 철학설들이 처음에 나타나게 될 때 어떻게 수용되었던가를 설명할 수 있게 된다면, 그것은 인간 정신의 역사에 대해 매우 교훈적인 기여를 하는 일일 것이다. [35] 우리가 몇 가지 좀더 오래된 체계들에 관해 동시대인들이 처음에 경탄에 사로잡혀 내린 판단들을 더 이상 소유하고 있지 못한 것은 참된 상실이라 할 만하다. 칸트 체계와 관련해서는 — 아주 잘 알려져 있는 괴팅겐 학회지에서의 비평들을 정점으로 하여 — 그 체계에 대한 최초의 비평들의 수집을 기획하고, 미래의 세대들을 위해 진귀한 것들로 보존할 시간은 여전히 남아 있다. 학문론을 위해서는 나 스스로 이러한 과업을 떠맡고자 한다. 그리고 일단 시작하기 위해 나는 이 저술에 관계되는 가장 주목할 만한 비평 두 가지를 여기에 부록으로 덧붙이고자 한다. — 이들은 주석을 첨가할 것 없이 자명할 것이다. 현재 나의 체계에 대해 좀더 잘 알고 있는 철학 독자들에 대해서는 그와 같은 주석이 필요하지 않을 것이며, 저 비평들의 원저자들에 대해서는 그들이 그 비평들에서 말하고 있는 것이 무엇인지를 말하는 것은 도대체가 불행일 것이다.[2]

이러한 끔찍스러운 수용에도 불구하고 그에 뒤이어 곧바로 이 체계는 아마도 다른 어떤 체계에게 주어질 수 있을 것보다 좀더 다행스러운 운명을 지녀왔다. 재기발랄한 두뇌를 지닌 여러 젊은이들이 이 체계에 열중했으며, 철학 문헌에서 공로가 많은 한 전문가는 오랜 성숙한 검토 후에 이 체계에 찬동을 표했다. 아주 많은 탁월한 두뇌의 소유자들의 통합된 노력으로부터 이 체계가 곧바로 다면적으로 서술되고 또 확대되어 적용됨으로써, 이 체계가 의도하는 철학함의 전환 및 그것을 매개로 한 학문적 방법 일

---

2) 여기서 언급된 부록으로 덧붙여지는 두 비평은 셸링의 글「철학 일반의 형식의 가능성에 관하여」(über die Möglichkeit der Form einer Philosophie überhaupt)와 피히테의 글「학문론의 개념에 관하여」(über den Begriff der W. L.)에 해당되는데, 이 둘은 야콥의 철학 연총지(Jacobs Philosophische Annale) 4호와 16-18호에 인쇄되어 있다. 여기서는 이들은 생략되었다.

반의 전환이 야기될 것이 기대되고 있다. 이 체계의 최초의 수용과 바로 동일한 체계에 대한— 훌륭한 전문가들이 믿고 있는 대로 하자면 다른 체계에 대한— 우선은 선행하는 다른 서술의 수용과의 유사성에도 불구하고, 내가 마찬가지로 훌륭한 근거들 없이 가정하고 있는 것은 아닌 것처럼 [36] (그럼에도 불구하고 이 점에 관해서 더 이상 논란을 벌이는 것을 나는 점잖게 포기하고자 한다) 나는 — 비록 칸트주의자들이 이해하고 있는 것처럼, 학문론의 수용이 칸트 저술들의 수용보다 훨씬 더 조야하고 천민적인 것처럼 보였을지라도— 바라건대 그 두 체계들 또는 서술들이 노예적이고 무지막지한 한 무리의 모방자들을 형성한다는 똑같은 성과를 갖게 되지는 않을 것이라고 말하고자 한다. 한편으로 우리는 독일인들이 우선은 선행하는 비극적인 사건에 의해 몸서리치지 않을 수 없었던 바, 그에 이어 곧바로 또다시 모방의 멍에를 짊어지지는 않을 것이라고 믿어야 할 것이다. 다른 한편으로 지금까지의 세련된, 즉 고정된 문자를 회피하는 서술은 이러한 학설의 내적 정신으로서 이 학설을 사려 깊지 못한 맹종자에 대해 보호해 줄 것으로 보일 뿐만 아니라, 또한 이 학설이 그와 같은 충성을 받게 되리라는 것은 그 학설의 친구들에 대해서는 기대될 수 없을 것이다.

체계의 완성을 위해서는 여전히 말로 표현할 수 없을 만큼의 많은 것이 행해져야 한다. 지금은 겨우 그 토대가 놓여졌을 뿐이며, 겨우 건축의 시작이 이루어졌을 뿐이다. 그리고 저자는 자신의 지금까지의 모든 작업들을 다만 예비적인 것으로 간주할 수 있을 뿐이다. 저자가 지금부터 가질 수 있는 확고한 희망, 요컨대 그가 이전에 두려워했던 것처럼 일이 되어 가는 대로 운에 내맡긴 채 저자에게 처음에 제시되었던 개별적인 형식으로 저자를 이해할 수 있을 미래의 어떤 세대를 위해 죽은 문자들로 자신의 체계를 기록해 두어야만 하는 것이 아니라, 이미 자기의 동시대인들과 더불어 그 체계를 이해하고 논의하며, 그것이 여러 사람의 공동의 작업을 통해 좀더 일반적인 형식을 획득하는 것을 지켜보고, 그것을 시대의 정신과 사유양식 속에서 생동하도록 맡겨 놓고자 하는 희망은, 저자가 그 체계를 처음으로 알릴 때 마음먹었던 계획을 변화시키지 않을 수 없도록 만든다. 다시 말하자면 저자는 체계에 대한 체계적인 상론에서 지금보다 더 멀리 전진하게 될 것이 아니라, 오히려 지금까지 발견된 것을 비로소 좀더 다면적으로 서술하고, 완전히 명확하게 만들 뿐만 아니라 또한 편견이 없는 모든 이에게 명증적인 것으로 만들고자 시도하게 될 것이다. 이러한 작업의 시작은 이미 위에서 언급된 철학지에서 이루어졌던 바, 이 작업은 진전되게 될 것이며, 대학의 강사라고 하는 나의 가장 가까이 놓여 있는 과제가 그것을 가능하게 할 것이다. [37] 내게 알려진 여러 언급들에 따르면 저 논고들을 통해서 많은 이에게 하나의 빛이 다가왔다. 그리고 만약 독자들의 사유양식이 새로운 학설에 관해 좀더 일반적으로 변화되지 않았다고 한다면, 이 점은 아마도 저 철학지가 널리 보급되어 있지 않은 것처럼 보이는 데서 기인할 터이다. 똑같은 목적을 위해 나는 시간이 허락하는 대로 학문론의 기초에 대한 엄밀하게 체계적이고 또 순수하게 체계적인 서술의 새로운 시도를 출간하게 될 것이다.

예나, 1798년 미카엘제에 즈음하여

제 1 편

학문론 일반의 개념에 관하여

§1. 가설적으로 세워진 학문론의 개념

[38] 서로 나누어진 당파들을 통합하기 위해서 우리는 가장 안전하게 그들이 동의하고 있는 점으로부터 출발하고자 한다.

철학은 **하나의 학문**이다. — 이에 관해 철학에 대한 모든 기술(記述)들이 일치하고 있는 것만큼이나, 그 기술들은 이 학문의 **대상**의 규정에서는 서로 나누어져 있다. 그렇다면 그것들이 이구동성으로 철학을 하나의 학문으로 인정하고 있음에도 불구하고 그 학문의 개념 자체가 전혀 전개되어 있지 않다고 하는 이러한 불일치는 어떻게 그리고 언제 나타나게 된 것인가? 모두에 의해 인정되는 이러한 유일한 징표에 대한 규정은 어떻게 그리고 언제 철학의 개념 자체를 규정하기에 전적으로 충분하게 될 것인가?

하나의 학문은 체계적 형식(systematische Form)을 갖는다. 하나의 학문 내의 모든 명제들은 하나의 유일한 근거명제(Grundsatz, 원칙)에서 연관되어 있으며, 그 근거명제에서 하나의 전체로 통합되는 것이다. — 이 점 역시 사람들은 일반적으로 인정하고 있다. 그러나 이것으로 이제 학문의 개념이 남김없이 다 드러나 있는 것인가?

그 자체로 아마도 가능한 일이겠지만, 만약 누군가가 근거 없고 증명될 수 없는 명제, 예를 들어 인간적인 경향들, 정열들 및 개념들을 지니고 있지만, 그러나 에테르적인 육체를 지닌 피조물들이 대기 중에 존재한다는 명제 위에 이러한 대기의 정령들의 그와 같은 체계적인 자연사를 세운다고 한다면, — [39] 아무리 그 체계 속에서 엄밀하게 추론되고 있을지라도, 그리고 그 체계의 개별적인 부분들이 서로 간에 아무리 내밀하게 연결되어 있을지라도, 과연 우리가 그와 같은 체계를 하나의 학문으로 인정하게 될 것인가? 그와 반대로 만약 누군가가 개별적인 정리를 언급하게 되면 — 가령 기계적인 수공업자가 다음과 같은 명제, 즉 그가 이전에 들은 적이 있고 다양한 경험 속에서 참된 것으로서 확인한 것이지만, 수평면에 직각으로 세워진 기둥이 수직으로 서 있고, 무한히 연장되게 되면 그것은 양쪽 가운데 어느 쪽으로도 매달려 있게 되지 않을 것이라는 명제를[1] 언급하게 되면 — 모든 사람들은 비록 그 수공업자가 자기의 명제에 대한 기하학적 증명을 이 학문의 최초의 근거명제로부터 체계적으로 수행할 수 없다고 할지라도, 그가 그 명제에 대해 학문(Wissenschaft)을 말했다고 인정하게 될 것이다. 그런데 어째서 우리는 증명되지 않고 증명될 수 없는 명제에 기반하고 있는 저 확고한 체계를 학문이라고 부르지 않는 것인가? 그리고 어째서 우리는 그의 오성에서 어떠한 체계와도 연관되어 있지 않은 저 두 번째 명제에 대한 지식을 학문이라 부르는 것인가?

의심할 바 없이 전자는 그것의 모든 규범적 형식에도 불구하고 사람들이 알 수 있는 것을 아무것도 포함하지 않기 때문이며, 후자는 규범적 형식을 가지지 않음에도 불

---

1) 또는 연구한 적이 없는 건축가가 유태의 역사서술자 요제푸스가 예루살렘의 파괴 시대에 살았었다는 사실을. (제1판의 보충)

구하고 사람들이 현실적으로 **알고 있고 알 수 있는** 어떤 것을 말하고 있기 때문이다.

따라서 학문의 본질은 그 학문의 내용의 성질과, 그에 대해 알고 있다고 말하고 있는 사람의 의식이 그 내용과 맺고 있는 관계 속에 놓여 있는 것처럼 보이며, 체계적 형식은 학문에게 한갓 우연적일 뿐일 것이다. 체계적 형식은 학문의 목적이 아니라 가령 목적을 위한 한갓 수단일 뿐이라는 것이다.

이것은 잠정적으로 다음과 같이 생각될 수 있을 것이다. 가령 어떤 하나의 원인으로 인해 인간 정신이 다만 아주 적은 것에 대해서만 확실히 알게 되고, 그러나 다른 모든 것은 다만 사념하고 추측하며 예감하고 자의적으로 가정할 수 있을 뿐이지만, 그럼에도 불구하고 마찬가지로 어떤 하나의 원인으로 인해 이렇듯 좁게 제한되거나 불확실한 지식에 아마도 만족할 수 없다고 한다면, [40] 인간 정신에게는 스스로 불확실한 지식들을 확실한 것들과 비교하고, 동등성(Gleichheit) 또는 부등성(Ungleichheit)으로부터 ― 내가 이 표현들을 설명할 수 있는 시간을 얻기까지 잠정적으로 이 표현들이 사용될 수 있을 것이다 ―, 즉 전자와 후자의 동등성 또는 부등성으로부터 그것들의 확실성

(Gewissheit) 또는 불확실성(Ungewissheit)으로 추론해 가는 것 말고는 그와 같은 지식을 확대하거나 보장할 수 있는 다른 수단은 남아 있지 않게 되리라는 것이다. 그것들이 만약 **확실한** 명제에 동등하다면, 인간 정신은 그것들 역시 확실하다고 안전하게 가정할 수 있을 것이다. 그러나 그것들이 확실한 명제에 대립된다면, 인간 정신은 이제부터 그것들이 거짓이라는 것을 알게 될 것이며, 그것들을 통한 오랜 기만에 대해 안전을 보장받을 수 있을 것이다. 인간 정신은 진리를 획득한 것은 아니지만, 그러나 오류로부터의 해방을 획득한 셈이다.

좀더 분명히 해보자. ― 하나의 학문은 하나(Eins), 즉 하나의 전체(Ganze)이어야 한다. 수평면에 직각으로 세워진 기둥이 수직으로 서 있다는[2] 명제는 기하학[또는 역사, 제1판]에 대한 어떠한 연관된 지식도 갖고 있지 못한 사람에 대해서도 의심할 바 없이 하나의 전체이며, 그런 한에서 하나의 학문이다.

그러나 우리가 또한 기하학 전체[와 역사]를 하나의 학문으로서 고찰하는 것은, 그럼에도 불구하고 또한 저 명제

---

2) 또는 요제푸스가 예루살렘의 파괴 시대에 살았었다는. (제1판)

이외에도 다른 많은 명제들을 포함하고 있기 때문이다. ―
그렇다면 그 자체에서 극도로 상이한 일군의 명제들이 **하나의 학문으로**, 즉 하나이자 전적으로 동일한 전체로 되는
것은 어떻게 그리고 무엇을 통해서인가?

그렇게 되는 것은 의심할 바 없이 개별적 명제들 일반
이 학문이라는 것이 아니라, 그것들이 비로소 전체 속에
서, 즉 전체 속에서의 그것들의 위치에 의해, 그리고 전체
에 대한 그것들의 관계에 의해 전체가 된다고 하는 사실
을 통해서이다. 그러나 부분들의 단순한 결합에 의해서 전
체의 한 부분에서 만날 수 없는 하나의 어떤 것이 발생할
수 있는 것은 결코 아니다. 심지어 결합된 명제들 가운데
어떤 하나의 명제도 확실성을 갖지 않는다고 한다면, 결합
을 통해 성립된 전체도 확실성을 갖지 않을 것이다.

따라서 가령 나머지 명제들에게 자기의 확실성을 나누
어주는 최소한 하나의 명제는 확실해야만 할 것이다. 그리
하여 [41] 이 하나가 확실해야 한다면 그리고 그런 한에서
또한 두 번째 명제도 확실해야만 할 것이고, 이 두 번째가
확실해야 한다면 그리고 그런 한에서 또한 세 번째 명제
도 확실해야만 할 것이다 등등. 그리하여 여럿의 그리고
그 자체에서 아마도 아주 상이한 명제들이, 바로 그것들

모두가 — 확실성을, 그리고 **동등한** 확실성을 갖는다는 것을 통해, 오로지 단 하나의 확실성을 공유하게 될 것이고, 그리하여 단 하나의 학문으로 될 것이다. —

우리가 방금 단적으로 **확실하다**고 언급한 명제는 — 우리는 단 하나의 그와 같은 명제만을 가정했다 — 자기의 확실성을 나머지 명제들과의 결합을 통해서 비로소 획득할 수 없고, 오히려 그 확실성을 결합 이전에 가져야만 한다. 왜냐하면 여러 부분들의 통합으로부터는 그 어떤 부분에도 존재하지 않는 것은 아무것도 발생할 수 없기 때문이다. 그러나 나머지 모든 명제들은 자기의 확실성을 그 명제로부터 얻어야만 할 것이다. 그것은 모든 결합에 앞서 먼저 확실하고 확정되어 있어야만 할 것이다. 그러나 나머지 명제들 가운데 단 하나도 결합에 앞서 그러한 것이어서는 안 될 것이며, 그 결합을 통해 비로소 그러한 것으로 되어야만 할 것이다.

이로부터 동시에, 우리의 위의 가정이 유일하게 올바른 것이며 하나의 학문 속에서는 결합에 앞서 먼저 확실하고 확정된 단 하나의 명제만이 있을 수 있다는 것이 밝혀진다. 만약 여럿의 그와 같은 명제들이 존재한다면, 그것들은 다른 명제와 전혀 결합되어 있지 않고, 그리하여 그것들은 똑같은 전체에 속하는 것이 아니라 하나 또는 여럿의 분리된 전체들을 형성하게 될 것이거나, 또는 그것들은 그러한 전체들과 결합되어 있을 것이다. 그러나 명제들은 하나의 동등한 확실성을 통하는 것 이외에 다르게 결합되어서는 안 된다. — 만약 하나의 명제가 확실하다면, 또한 다른 명제도 확실해야 하며, 만약 하나가 확실하지 않다면, 또한 다른 것도 확실하지 않아야 한다. 그리고 다만 그것들의 확실성이 서로에 대해 맺는 이러한 관계만이 그것들의 연관을 규정해야 한다. 이 점은 나머지 명제들로부터 독립적인 확실성을 지니는 명제에 대해서는 타당할 수 없을 것이다. 요컨대 만약 그것의 확실성이 독립적이어야 한다면, 비록 다른 명제들이 확실하지 않다 하더라도 그것은 확실한 것이다. 따라서 그 명제는 도대체가 확실성을 통해 다른 명제들과 결합되어 있지 않을 것이다. — 결합에 앞서 먼저 그리고 그 결합으로부터 독립적으로 확실한 그와 같은 명제는 **근거명제**라고 불린다. 각각의 모든 학문은 하나의 근거명제를 지녀야만 한다. 물론 각각의 학문은 그들의 내적 성격에 따라 [42] 아마도 그 자체에서 확실한 하나의 유일한 명제로 이루어질 수도 있을 것이다. — 그러나 그렇게 되면 그것은 물론 근거명제라고 불릴 수 없을 것인데, 왜냐하면 그것은 아무것도 근거지우지(begründen) 않기 때문이다. 그러나 각각의 학문은 또한 하나 이상의 근거명제를 지닐 수 없는데, 왜냐하면 그렇지 않다면 그것은 하나가 아니라 여럿의 학문을 형성할 것이기 때문이다.

하나의 학문은 결합에 앞서 먼저 확실한 명제 이외에 또한 여럿의 명제들을 포함할 수 있는데, 그 명제들은 저 확실한 명제와의 결합을 통해서 비로소 도대체가 확실한 것으로, 나아가 저 확실한 명제와 동일한 양식으로 그리고 동일한 정도로 확실한 것으로 인식된다. 결합은, 조금 전에 상기되었던 것처럼, 명제 A가 확실하면 또한 명제 B도 확실해야만 하며 — 이 명제 B가 확실하면 또한 명제 C도 확실해야만 한다는 것 등등이 제시된다는 점에 존립한다. 그리고 이러한 결합은 개별적 부분들로부터 성립하는 전체의 체계적 형식이라고 일컬어진다. — 그렇다면 이러한 결합은 무엇을 위한 것인가? 의심할 바 없이 그것은 결합의 재주를 부리기 위해서가 아니라, 그 자체에서는 아무런 확실성도 지니지 못하는 명제들에게 확실성을 부여하기 위해서이다. 따라서 체계적 형식은 학문의 목적이 아니라, 다만 학문이 여럿의 명제들로 이루어진다는 조건하에서만 그 학문의 목적을 달성하기 위해 적용될 수 있는 우연적인 수단이다. 체계적 형식은 학문의 본질이 아니라 그것의 우연적인 특성이다. ― 학문은 하나의 건축물일 것이며, 이 건축물의 주요목적은 견고함일 것이다. 기초(Grund, 근거)가 견고하고, 이 기초가 견고하게 놓여지는 그만큼, 목적은 달성될 것이다. 그러나 우리는 단순한 기초 안에서는 거주할 수 없고, 또한 그 기초만으로는 적의 의도적인 습격이나 날씨의 비의도적인 내습으로부터 보호받을 수 없기 때문에, 그 기초 위에 벽을 쌓고 그 위에 지붕을 덮는다. 건축물의 모든 부분들은 기초와 접합되며, 또 서로 간에 접합되고, 이를 통해 전체가 견고하게 된다. 그러나 우리는 접합시킬 수 있기 위해 견고한 건축물을 세우는 것이 아니라, 건축물이 견고하게 될 수 있도록 하기 위해 접합시킨다. 그리고 건축물은 그것의 모든 부분들이 견고한 기초 위에 서 있는 한에서 견고하다.

기초는 견고하며, 그것은 어떤 새로운 기초 위에 있는 것이 아니라 [43] 견고한 지반 위에 기초하고 있다. ― 그렇다면 우리는 우리의 학문적 건축물의 기초, 근거를 어디 위에 쌓아 올리고자 하는가? 우리의 체계들의 근거명제들은 체계에 앞서 먼저 확실해야 하고 또 그래야만 한다. 그것들의 확실성은 그 체계들의 범위 안에서 증명될 수 없다. 오히려 그 체계들 내의 가능한 모든 증명은 이미 그것들을 전제한다. 그것들이 확실하다면, 물론 그것들로부터 따라 나오는 모든 것도 확실하다. **그러나 그것들 자신의 확실성은 도대체 무엇으로부터 따라 나오는 것인가?**

그리고 우리가 비록 이 물음에 대답했다 하더라도, 저 첫 번째 물음과는 전적으로 구별되는 새로운 물음이 우리를 압박하는 것은 아닌가? — 우리는 우리의 학설 건축물을 세움에 있어서 다음과 같이 추론하고자 한다. **만약** 근거명제가 확실하다면, 또한 좀더 규정된 다른 명제도 확실하다. 그렇다면 저 그러함은 어디에 근거하고 있는가? 두 명제 사이에서 하나의 명제에 다른 명제에 속하는 바로 그 확실성이 속하게끔 해주는 필연적인 연관을 근거지우는 것은 무엇인가? 이러한 연관의 조건들은 어떤 것들이며, 우리는 어디로부터 그것들이 그 연관의 조건들이자 **배타적인** 조건들이고 **유일한** 조건들이라는 **점을** 아는 것인가? 그리고 우리는 도대체 어떻게 해서 서로 다른 명제들 사이의 필연적인 연관 및 이 연관의 배타적이지만, 그러나 남김없이 파헤쳐진 조건들을 가정하는 데 이르는 것인가?

짧게 말하자면, **근거명제 그 자체의 확실성은 어떻게 근거지어질 수 있으며, 그로부터 특정한 양식으로 다른 명제들의 확실성을 추론하는 권능**은 어떻게 근거지어질 수 있는 것인가?

근거명제 자체가 지니고 있고, 학문에서 출현하는 그 밖의 모든 명제들에게 나누어주어야 하는 그와 같은 것을 나는 근거명제와 학문 일반의 **내적 내용**(*inneren Gehalt*)이라 부른다. 근거명제가 그와 같은 것을 그에 따라 다른 명제들에게 나누어주어야 할 양식을 나는 학문의 **형식**(*Form*)이라 부른다. 따라서 제기되는 물음은 다음과 같다. 학문 일반의 내용과 형식은 어떻게 가능하며, 다시 말하자면 학문 자체는 어떻게 가능한 것인가?

이 물음이 그 속에서 대답될 어떤 것은 그 자체가 학문일 것이며, 더 나아가 **학문 일반의 학문**(*die Wissenschaft von der Wissenschaft überhaupt*)일 것이다.

[44] 저 물음에 대한 대답이 가능하게 될 것인지 아닌지, 다시 말하자면 우리의 지식 전체가 인식 가능한 견고한 근거를 가지는지 어떤지, 또는 우리의 지식 전체의 개별적인 부분들이 아무리 서로 내밀하게 연계되어 있을지라도 결국은 무(無)에, 최소한 **우리에 대해서는**(*für uns*) 무에

기반하고 있는 것은 아닌지 어떤지는 탐구에 앞서 미리 규정될 수 없다. 그러나 우리의 지식이 우리에 대해서 근거를 가져야 한다면, 저 물음이 대답될 수 있어야만 하며, 저 물음에 대답하는 하나의 학문이 있어야만 한다. 그리고 만약 그와 같은 학문이 존재한다면, 우리의 지식은 인식 가능한 근거를 갖는다. 따라서 우리 지식의 근거성(Gründlichkeit) 및 무근거성(Grundlosigkeit)에 관해서는 탐구에 앞서 미리 아무것도 말할 수 없다. 그리고 요구되는 학문의 가능성은 오로지 그 학문의 현실성을 통해서만 제시될 수 있다.

그 가능성이 지금까지는 그저 의심스러울 뿐인 그와 같은 학문을 거론하는 것은 자의적이다. 그럼에도 불구하고 지금까지의 모든 경험에 따라 학문들의 건축을 위해 사용될 수 있는 지반이 그것에 속하는 것들에 의해 이미 점령되어 있다는 것과, 여전히 건축되지 않은 단 한 조각의 땅, 다시 말하자면 학문들 일반의 학문을 위한 땅이 나타난다는 점이 제시되어야 한다면, — 더 나아가 잘 알려져 있는 이름(철학이라는 이름) 아래, 그 역시 학문일 것이거나 그렇게 학문으로 될 것임에도 불구하고 그 학문이 세워져야 할 자리에 관해서는 서로 간에 의견이 일치될 수 없는 하나의 학문의 이념이 나타나게 된다면, 그 학문에게 발견된 빈자리를 지정해 주는 것은 부적절한 것이 아닐 것이다. 지금까지 철학이라는 말에서 바로 그러한 것이 생각되어 왔는지 그렇지 않았는지 하는 것은 일반적으로 사태에 아무런 영향도 미치지 않는다. 그에 뒤이어 만약 그것이 일단 학문으로 되어 있다고만 한다면, 이 학문은 결코 지나치지 않을 겸손으로부터 지금까지 지녀왔던 이름 — 즉 박식함, 취미, 애호라는 이름을 정당하게 떼어놓게 될 것이다. 이 학문을 고안하게 될 민족은 아마도 그 학문에 자기의 언어로 이름을 부여할 만한 가치를 지닌다 할 것이다.3) [45] 그렇게 되면 이 학문은 단적으로 **학문**, 또

---

3) 그 민족은 아마도 또한 그 학문에 자신의 언어로부터 그 밖의 전문적 표현들을 부여할 만한 가치를 지닌다 할 것이다. 그리고 그 언어 자체와 이 언어를 말하는 민족은 그에 의해 다른 모든 언어들과 민족들보다 결정적으로 우월한 비중을 획득하게 될 것이다. (제1판의 주해)
심지어 선험론적 개념들의 은유적 표현의 법칙들에 따른 규칙적인 진보를 매개로 하여, 그의 모든 도출된 부분들에 따라 필연적일 뿐만 아니라 또한 필연적인 것으로 증명될 수 있는 철학적 어휘들의 체계가 존재한다. 단 하나의 근본표현(Ein Grundzei-chen)만이 자의적인 것으로서 전제되는데, 왜냐하면 필연적으로 모든 언어는 자의로부터 출발하기 때문이다. 이로 말미암아 도

는 학문론이라 불릴 수 있을 것이다. 그에 따라 지금까지의 이른바 철학은 학문 일반의 학문일 것이다.

대체가 그 내용에 따라 모든 이성에 대해 타당한 철학이 그 표현에 따라서는 전적으로 민족적으로 된다. 요컨대 그러한 철학이 이 언어를 말하는 민족의 가장 내적인 것으로부터 끄집어내어져 다시 그 민족의 언어를 최고의 규정성으로까지 완성시키는 것이다. 그러나 이러한 체계적인 민족-용어법은 이성-체계 자체가 그 범위에 따라서나 그의 모든 부분들의 전체적인 형성, 발양에 있어서나 완전히 존립하기 전에는 세워질 수 없다. 이러한 용어법의 규정과 더불어 철학적 판단력은 자기의 과업을 끝마치는바, 이 과업은 그 전 범위에 있어서는 한 인간의 생애에 대해 당연히 너무도 커다란 일일 것이다.

이것이 저자가 위의 주해에서 약속하고 있는 것처럼 보이는 것을 지금까지 이행하지 않고, 그것이 독일어이건 라틴어이건 아니면 그리스어이건, 저자가 바로 발견한 전문어를 사용하는 이유이다. 저자에게 모든 용어법은, 이제 이러한 과업이 저자에게 허락되든 다른 이에게 허락되든 상관없이, 그것이 일단 보편적이고 영원히 타당하게 확정될 수 있기까지는 다만 잠정적일 뿐이다. 또한 이러한 원인 때문에 저자는 자기의 용어법 일반에 주의를 덜 기울였으며, 그에 대한 확고한 규정을 회피했고, 또 이 점에 관한 다른 이들의 몇 가지 적절한 언급들(예를 들면 독단론[Dogmatismus]과 독단주의[Dogmaticismus] 사이에 제안된 구별)에 대해서도 확고한 규정을 회피했다. 또한 학문의 현 상태에 대해 적절하다고 할 수밖에 없는 것들도 저자의 개성을 위해 사용하지 않았다. 저자는 계속해서 자기의 진술에 대해 언제나 그 진술의 의도를 위해 요구되는 명확성과 규정성을 표현의 교체와 다양성을 통해 제공하고자 할 것이다. (제 2 판의 주해)

§2. 학문론의 개념의 전개

우리는 정의들로부터 추론해서는 안 된다. 정의들로부터 추론해서는 안 된다는 것은 우리가 [46] 우리의 기술로부터 전혀 독립적으로 실존하는 사물에 대한 기술 속으로 모순을 끌어들이지 않고서 일정한 징표를 생각할 수 있었다고 하는 데로부터, 그 이상의 다른 근거 없이 바로 그런 까닭에 그와 같은 징표가 현실적인 사물에서도 만나질 수 있어야만 한다고 추론해서는 안 된다는 것을 의미한다. 또는 그것은 우리가, 그 자체로 우리에 의해 비로소 산출되어야 할 뿐만 아니라 또한 그것에 대해 형성되고 또 그것의 목적을 표현하는 개념에 따라 산출되기도 해야 할 하나의 사물에서 이러한 목적의 사유 가능성으로부터 또한 현실 속에서의 그 목적의 실행 가능성으로 추론해 가서는 안 된다는 것을 의미하기도 한다. 그러나 그것은, 우리가 자신의 정신적이거나 육체적인 작업들에서 스스로에게 어떠한 목적도 부과해서는 안 된다는 것을 결코 의미할 수 없으며, 또한 우리가 작업에 다가가기 전에 그와 같은 목적을 명확히 하지 않고, 가령 그런 일이 벌어지는 것처럼, 오히려 그것을 상상력이나 손가락의 유희에 내맡겨야 한다는 것을 의미할 수도 없다. 기체 역학적 기구의 발명자는 아마도 그것의 크기와, 그 속에 들어가는 기체가 대기에 대해 맺는 관계, 그리고 그것들로부터 그 기계의 운동 속도를 계산할 수 있을 것이다. 이 점은 또한 그가 요구되는 정도를 위해 대기보다도 더 가벼운 종류의 기체를 과연 발견하게 될 것인지를 알기 전이라도 마찬가지다. 그리고 아르키메데스는 자기의 위치로부터 지구를 움직이게 하는 기계를 계산해 낼 수 있었는데, 그것은 비록 그가 그 기계의 인력 외부에서 그 기계가 작용하도록 할 수 있는 위치를 발견하지 못하리라는 점을 확실히 알고 있었음에도 그러하다. — 위에서 기술된 우리의 학문의 경우도 마찬가지다. 요컨대 그 학문 그 자체는 우리로부터 독립적으로 우리의 부가행위 없이 실존하는 어떤 것이 아니라 오히려 규정된 방향에 따라 작용하는 우리 정신의 자유를 통해서 산출되어야 할 어떤 것이라는 것이다. — 우리 정신의 그와 같은 자유가 언제 존재하게 되는 것인지, 그리고 또 어떻게 그렇게 되는 것인지를 우리는 아직 알 수 없다. 먼저 이 방향을 규정해 보자. 다시 말하자면 우리의 작업이 **무엇**이 되어야 하는지에 대해서 분명한 개념을 만들어보도록 하자는 것이다. 우리가 그것을 산출할 수 있을 것인가 아닌가 하는 것은 우리가 그것을 현실적으로 산출하는가 아닌가 하는 점으로부터 비로소 나타나게 될 것이다. 그러나 지금으로서 문제가 되는 것은 그에 대한 물음이 아니라 우리가 본래 만들고자 하는 것이 무엇인지에 대한 물음이다. 그리고 그것이 우리의 정의를 규정한다.

(1) 앞에서 기술된 학문은 무엇보다도 우선 **학문 일반**의 학문이어야 한다. 모든 가능한 [47] 학문은 그 학문 속에서 증명될 수 없고 오히려 그에 앞서 먼저 확실해야만 하는 **하나의 근거명제**를 갖는다. 그렇다면 이 근거명제는 어

디에서 증명되어야 하는가? 의심할 바 없이 모든 가능한 학문들을 근거지어야 하는 바로 그 학문에서이다. ─ 학문론은 이러한 측면에서 두 가지를 행해야 할 것이다. 학문론은 무엇보다도 우선 근거명제들 일반의 가능성을 근거지어야 하는 바, 요컨대 어떻게, 어떤 한에서, 어떤 조건들 하에서, 그리고 아마도 어떤 정도로 어떤 것이 확실할 수 있는지를, 그리고 도대체가 확실하다고 하는 바로 그것이 ─ 무엇을 의미하는지를 제시해야 할 것이다. 그 다음으로 학문론은 특별히 모든 가능한 학문들 자체 내에서 증명될 수 없는 그 학문들의 근거명제들을 증명해야 할 것이다.

각각의 모든 학문은, 만약 그것들이 따로 떨어진 하나의 개별적 명제인 것이 아니라 여러 명제들로부터 존립하는 전체이어야 한다면, **체계적 형식**을 갖는다. 이러한 형식, 즉 도출된 명제들이 근거명제와 맺는 연관의 조건, 그리고 이러한 연관으로부터 도출된 명제들이 근거명제와 마찬가지로 확실하지 않을 수 없다고 추론하는 권리근거는 특수한 학문에서 그 근거명제의 진리가 제시될 수 없는 것과 마찬가지로 그 학문에서 제시되지 않고 오히려 그 형식의 가능성을 위해 이미 전제되는데, 왜냐하면 그 학문은 통일성을 지니고 그 학문에 속하지 않는 낯선 사물들을 다루지 않아야 하기 때문이다. 그러므로 보편적 학문론은 모든 가능한 학문들을 위해 체계적 형식을 근거지우는 책임을 떠맡는다.

(2) 학문론은 그 자체가 **하나의 학문**이다. 따라서 학문론 역시 무엇보다도 우선 그것 속에서 증명될 수 없지만, 학문으로서의 그것의 가능성을 위해 전제되는 **하나의 근거명제**를 가져야만 한다. 그러나 이 근거명제는 그 어떤 다른 좀더 고차적인 학문에서도 증명될 수 없다. 왜냐하면 만약 그렇다고 한다면 이러한 좀더 고차적인 학문 자체가 학문론일 것이고, 그 근거명제가 비로소 증명되어야만 할 그 학문은 학문론이 아닐 것이기 때문이다. 따라서 — 학문론의 그리고 그 학문론을 매개로 하여 모든 학문들과 모든 지식의 — 이러한 근거명제는 단적으로 증명될 수 있는 것이 아니다. 다시 말하자면 그것은 [48] 자기의 확실성을 그에 대한 자기의 관계로부터 조명하는 그러한 좀더 고차적인 명제로 환원할 수 없는 것이다. 그럼에도 불구하고 그것은 모든 확실성의 기초를 제공해야 한다. 따라서 그것은 어쨌든 확실해야만 하며, 더 나아가 자기 자신 안에서, 그리고 자기 자신 때문에, 그리고 자기 자신을 통해서 확실해야만 한다. 다른 모든 명제들은 확실하게 될 것

인데, 왜냐하면 그것들이 근거명제와 어떤 하나의 측면에서 동등하다는 점이 제시될 수 있기 때문이다. 그러나 이 명제는 단순히 그것이 자기 자신과 동등한 까닭으로만 확실해야만 한다. 다른 모든 명제들은 단지 매개적인 확실성만을, 그리고 그 근거명제로부터 도출된 확실성만을 가지게 된다. 그러나 그것은 직접적으로 확실해야만 한다. 모든 지식은 그 근거명제 위에 근거지어지며, 그것 없이는 도대체가 어떠한 지식도 가능하지 않을 것이다. 그러나 그것은 다른 지식 위에 근거지어지지 않으며, 오히려 그것은 단적으로 지식의 명제이다. ― 이 명제는 단적으로 확실하다. 다시 말하자면 그것은 확실한데, **왜냐하면** 그것은 확실하기 때문이다.[4] 그것은 모든 확실성의 근거이다. 다시 말하자면 확실한 모든 것은 확실한데, 왜냐하면 **그것이** 확실하기 때문이다. 그리고 만약 그것이 확실하지 않다면 아무것도 확실하지 않다. 그 명제는 모든 지식의 근거이다. 다시 말하자면 우리는 그 명제가 언명하는 것을 아는데, 왜냐하면 우리는 도대체가 알기 때문이다. 요컨대 우리는

---

4) 우리는 모순 없이는 그것의 확실성의 근거에 대해 물을 수 없다. (저자의 난외 보충)

그것이 말하는 것을 직접적으로 알며, 그와 아울러 우리는 무언가 어떤 것을 아는 것이다. 그 명제는 모든 지식에 수반되며, 모든 지식 속에 포함되어 있고, 모든 지식은 그것을 전제한다.

학문론은 그것 자체가 하나의 학문인 한에서, — 요컨대 그것이 자기의 단순한 근거명제만이 아니라 여러 근거명제들로 이루어져야 한다면(그리고 그렇게 될 것이라는 것은 그것이 다른 학문들을 위한 근거명제들을 세워야 하는 까닭에 미리 파악될 수 있다) — **체계적 형식**을 가져야만 한다고 말할 수 있다. 그런데 학문론은 그 **규정, 사명**에 따라서 이러한 체계적 형식을 다른 학문으로부터 빌려올 수 없으며, 또는 그 **타당성**에 따라서 다른 학문에서의 그에 대한 증명을 기반으로 삼을 수도 없다. 왜냐하면 학문론 자체가 다른 모든 학문들을 위해 근거명제들과 그것들을 통해 그 학문들의 내적 내용뿐만 아니라, 또한 형식과 그것을 통해 그 학문들 안에서의 여러 명제들의 결합 가능성을 [49] 세워 놓아야 하기 때문이다. 따라서 학문론은 이러한 형식을 자기 자신 안에서 지녀야만 하며, 그 형식을 자기 자신을 통해 근거지어야만 한다.

우리는 이러한 점을 조금이나마 분석해 봄으로써 그것

이 본래 무엇을 말하고 있는지를 파악할 수 있을 것이다. — 우리가 그에 대해 무언가를 아는 바로 그것은 그 가운데 내용을 가리키며, 우리가 그것에 대해 아는 그 무언가는 명제의 형식을 가리킨다. (금은 물체라는 명제에서 우리가 그것에 대해 무언가를 아는 바로 그것은 금과 물체이다. 우리가 그것들에 대해 아는 그 무언가는 그것들이 일정한 측면에서 동등하다는 것과 그런 한에서 하나가 다른 것 대신에 정립될 수 있다고 하는 것이다. 그것은 긍정명제이며 이러한 관계가 그것의 형식이다.)

어떠한 명제도 내용이 없거나 형식이 없이는 가능하지 않다. 그것은 우리가 그에 대해 아는 바로 그 어떤 것이어야만 하며, 우리가 그것에 대해 알아낸 바 어떤 것이어야만 한다. 따라서 모든 학문론의 최초의 명제는 그 둘, 즉 내용과 형식을 가져야만 한다. 그런데 그 최초의 명제는 직접적으로 그리고 자기 자신을 통해서 확실해야 한다. 그리고 그러한 것은 그것의 내용이 그 형식을, 그리고 역으로 그것의 형식이 그 내용을 규정한다는 것 이외에 다른 것을 의미할 수 없다. 이 형식은 오로지 저 내용에만, 그리고 이 내용은 오로지 저 형식에만 적합할 수 있다. 이 내용에 대한 다른 모든 형식은 그 명제 자체와 더불어 모든 지식을 지양하며, 이 형식에 대한 다른 모든 내용도 마찬가지로 그 명제 자체와 더불어 모든 지식을 지양한다. 그러므로 학문론의 절대적인 최초의 명제의 형식은 그것, 즉 그 명제 자체를 통해 주어질 뿐만 아니라, 또한 그 명제의 내용에 대해 단적으로 타당한 것으로서 세워진다. 이러한 하나의 절대적으로 최초의 명제 이외에, 단지 부분적으로만 절대적이지만, 그러나 부분적으로는 최초이자 최상의 명제에 의해 제약되어야만 하는[5] ─ 왜냐하면 그렇지 않다면 하나의 유일한 근거명제는 존재하지 않을 것이기 때문이다 ─ 학문론의 여러 근거명제들이 존재해야 한다면, 그와 같은 명제에서 절대적으로 최초의 것은 다만 내용이거나 아니면 형식일 수 있을 뿐이며, 제약된 것은 마찬가지로 다만 내용이거나 형식일 수 있을 뿐이다. 내용이 무제약적인 것이라고 한다면, 절대적으로 최초의 근거명제는 ─ 이것은 [50] 두 번째 명제 내의 어떤 것을 제약해야만 하는데, 왜냐하면 그렇지 않다면 그것은 절대적인 최초의 명제가 아닐 것이기 때문이다 ─ 바로 그 명제의

---

5) 왜냐하면 그것들은 첫째로 근거명제들이 아니라 도출된 명제들이기 때문에, 둘째로 그밖에 등등. **(저자의 난외 보충)**

형식을 제약할 것이다. 그에 따라 그것의 형식은 학문론 자체에서 학문론을 통해 그리고 학문론의 최초의 근거명제에 의해 규정될 것이다. 또는 역으로 **형식**이 무제약적인 것이라고 한다면, 최초의 근거명제를 통해서는 필연적으로 이러한 형식의 **내용**이 규정되며, 따라서 형식이 내용의 형식이어야 하는 한에서 또한 형식이 규정된다. 그러므로 이 경우에 있어서도 형식은 학문론을 통해, 더 나아가 그것의 근거명제를 통해 규정된다. ― 그러나 그것의 형식에 따라서나 그 내용에 따라서 절대적으로 최초의 근거명제를 통해 규정되지 않을 근거명제는, 만약 절대적으로 최초의 근거명제와 학문론, 그리고 인간 지식 일반의 체계가 존재해야 한다면 존재할 수 없다. 따라서 다음과 같은 세 가지의 근거명제보다 더 많은 근거명제는 존재할 수 없을 것이다. 그것들은 형식에 따라서뿐만 아니라 내용에 따라서도 절대적이고 단적으로 자기 자신을 통해 규정되는 명제, 형식에 따라서 자기 자신에 의해 규정되는 명제, 그리고 내용에 따라서 자기 자신을 통해 규정되는 명제이다.

학문론에 좀더 많은 명제들이 존재한다고 하면, 그 모두는 형식에 따라서뿐만 아니라 내용에 따라서도 근거명제에 의해 규정되어 있어야만 한다. 따라서 학문론은 그것의 명제들이 개별적으로 고찰되는 한에서, 그것들 모두의 형식을 규정해야만 한다. 그러나 개별적 명제들에 대한 그와 같은 규정은 그것들이 자기들 스스로를 상호적으로 규정하는 것 이외에 달리 가능하지 않다. 그러나 이제 각각의 모든 명제는 **완전히** 규정되어 있어야만 한다. 다시 말하자면 그것의 형식은 오로지 그것의 내용에만 적합해야지 다른 것에 적합해서는 안 되고, 이러한 내용은 오로지 그것이 그 속에 존재하는 형식에만 적합해야지 다른 것에 적합해서는 안 된다는 것이다. 왜냐하면 그렇지 않다면 그 명제는 확실한 한에서의 근거명제에 (조금 전에 이야기된 것을 상기해 보라) 동등하지 않고, 따라서 확실하지 않을 것이기 때문이다. — 그런데 만약 학문론의 모든 명제들이 그 자체에서 서로 달라야 한다면 — 도대체 그래야만 할 것처럼, 왜냐하면 그렇지 않다면 그것은 여러 명제들이 아니라 하나이자 전적으로 동일한 명제가 여러 번 되풀이되는 것이기 때문이다 —, 어떠한 명제도 모든 명제들 가운데 유일한 단 하나의 것을 통하는 것 이외에 달리 자기의 완전한 규정을 획득할 수 없다. [51] 그리고 이 점을 통해 도대체가 명제들의 전 계열이 완전히 규정되며, 어떠한 명제도 그것이 서 있는 자리 이외에 그 계열의 다른 자리에서 있을 수 없다. 학문론 내의 모든 명제는 규정된 다른 명제들을 통해 자기의 자리를 규정적으로 획득하며, 그 자리 자체를 규정된 제 3의 명제에게 규정해 준다. 따라서 학문론은 자기 자신을 통해 학문론 전체의 형식을 규정한다.

학문론의 이러한 형식은 그것의 내용에 대해 필연적인 타당성을 지닌다. 왜냐하면 만약 절대적으로 최초의 근거 명제가 직접적으로 확실했다면, 다시 말하자면 만약 그의 형식이 오로지 그의 내용에, 그리고 그의 내용이 오로지 그의 형식에만 적합했다면 ─ 그러나 가능한 모든 뒤따르는 명제들은 그 근거명제를 통해 직접적으로든 간접적으로든, 내용에 따라서든 형식에 따라서든 규정된다 ─, 그리고 뒤따르는 모든 명제들이 이를테면 이미 근거명제 속에 포함되어 놓여 있다면, 근거명제에 타당한 것이 뒤따르는 모든 명제들에 대해서도 타당해야만 하기 때문인데, 다시 말하자면 그들의 형식은 오로지 그들의 내용에, 그리고 그들의 내용은 오로지 그들의 형식에 적합해야만 하기 때문이다. 이 점은 개별적인 명제들에 관계된다. 그러나 전체의 형식은 하나 속에서 사유된 개별 명제들의 형식 이외에 다른 것이 아니며, 각각의 모든 개별 명제들에 타당한 것은 하나로서 사유된 모든 명제들에 대해서도 타당해야만 한다.

그러나 학문론은 **자기 자신에게뿐만** 아니라, 또한 **가능한 모든 그 밖의 학문들에게도** 그것들의 형식을 부여해야 하며, 모든 학문에 대해 이 형식의 타당성을 보증해야 한다. 그런데 이러한 것은 어떤 하나의 학문의 명제이어야 할 모든 것이 이미 학문론의 어떤 하나의 명제 속에 포함되어 있고, 그러므로 이미 학문론에서 그것들의 적절한 형식으로 세워져 있어야 한다는 조건 아래가 아니고서는 달리 생각될 수 없다. 그리고 이러한 점이야말로 우리에게 학문론의 절대적으로 최초의 근거명제의 내용으로 되돌아갈 수 있는 손쉬운 길을 열어주는데, 이제 우리는 그 내용에 대해 앞에서 가능했던 것보다 무언가 좀더 많은 것을 말할 수 있을 것이다.

우리는 **확실하게 안다**는 것이란 일정한 내용이 일정한 형식으로부터 분리될 수 없다는 것에 대한 통찰을 지닌다는 것 이외에 다른 것을 의미하지 않는다고 가정하며(그것은 지식에 대한 실재적 설명이 단적으로 불가능한 까닭에 명칭설명 이상의 것이 아니어야 할 것이다), 그러므로 지금 이미 어떻게 해서 [52] 모든 지식의 절대적으로 최초의 근거명제가 자기의 형식을 단적으로 자기의 내용에 의해 그리고 자기의 내용을 단적으로 자기의 형식에 의해 규정하는 것인지, 그리고 어떻게 해서 지식의 모든 내용에게 그것들의 형식이 규정될 수 있는 것인지가 대강 통찰될 수 있는데, 다시 말하자면 가능한 모든 내용이 그것들 나름의 몫 속에 놓여 있다고 한다면 그렇다는 것이다. 따라서 만약 우리의 전제가 옳고 모든 지식의 절대적으로 최초의 근거명제가 있어야 한다면, 이러한 근거명제의 내용은 모든 가능한 내용을 자기 내에 포함하지만 그 자체는 그 어떤 다른 것 속에도 포함되어 있지 않은 그와 같은 것이어야만 할 것이다. 그것은 단적으로 내용일 것이고, 다시 말하자면 절대적인 내용일 것이다.

그와 같은 학문론 일반의 가능성 및 특별히 그의 근거명제의 가능성을 전제함에 있어 인간의 지식 속에 실제로 하나의 체계가 존재한다는 것이 언제나 전제된다는 점은 쉽게 깨달을 수 있다. 인간의 지식 속에 그와 같은 체계가 존재해야 한다면, 학문론에 대한 우리의 기술과는 독립적으로 또한 그와 같은 절대적으로 최초의 근거명제가 존재해야만 한다는 것도 증명될 수 있다.

그와 같은 하나의 체계가 존재하지 않아야 한다면, 오로지 다음과 같은 두 가지 경우만이 생각될 수 있다. 첫 번째 경우에는 도대체가 직접적으로 확실한 것은 아무것도 존재하지 않는다. 다시 말하자면 우리의 지식은 그 속에서 각각의 모든 명제가 좀더 고차적인 명제에 의해서 근거지어지고 이 명제는 또다시 좀더 고차적인 명제에 의해서 근거지어지는 여럿의 또는 하나의 무한한 계열을 형성한다는 것이다. 우리는 우리의 집을 지반 위에 세우고, 이 지반은 코끼리 위에 기반하고 있고, 이 코끼리는 거북이 위에 놓여 있으며, 이 거북이는 — 그것이 무엇 위에라는 것을 아는 자가 누구이든지 간에 그런 식으로 무한히 계속된다. — 우리의 지식의 모습이 바로 그렇다고 한다면, 물론 우리는 그것을 변화시킬 수 없겠지만, 그러나 그 경우 우리는 또한 어떠한 확고한 지식도 가지지 못한다. 우리는 아마도 계열에 있어 일정한 지절에 이르기까지 소급할 수 있을 것이고, 또 이 지절에 이르기까지 우리는 모든 것을 확고하게 발견했다. 그러나 우리가 가령 좀더 깊이 들어가야 할 때 우리가 그와 같은 것의 비(非)근거(Un-grund)를 발견하지 못하고 있고 그래서 그것이 포기되어야만 한다는 점을 누가 우리에게 보증할 수 있겠는가? 우리의 확실성은 겨우 얻어졌겠지만, 그러나 우리는 그것을 그 다음날 결코 확신할 수 없게 될 것이다.

또는— 두 번째 경우— 우리의 지식은 유한한 계열로 이루어지지만, 그러나 여럿의 계열로 이루어지고, 각각의 모든 계열은 [53] 다른 명제를 통해서가 아니라 다만 자기 자신을 통해서만 근거지어지는 하나의 근거명제에서 종결된다. 그러나 그와 같은 근거명제들은 여럿이 있어서, 그것들은 그 모두가 자기 자신을 통해서, 그리고 단적으로 그 밖의 모든 것으로부터 독립적으로 근거지어지는 까닭에, 서로 간에 아무런 연관도 지니지 않고 완전히 고립되어 있게 된다. 가령 우리들 속에는 모두 다 똑같이 생득적인 여러 생득적인 진리들이 있어서, 그것들의 연관에 대해 우리는 그 이상의 통찰을 기대할 수 없을 것인데, 왜냐하면 그와 같은 연관은 생득적인 진리들 너머에 놓여 있기 때문이다. 또는 우리들 밖의 사물들에는 다양한 단순한 것이 존재해서, 그 단순한 것은 이 사물들이 우리들에게 미치는 인상을 통해서 전달되지만, 그러나 우리는 그 단순한 것의 연관 속으로는 들어갈 수 없을 것인데, 왜냐하면 인상 속의 가장 단순한 것보다 더 단순한 것은 있을 수 없기 때문이다. — 만약 사정이 그렇다고 한다면, 요컨대 그토록 많은 사람들의 현실적인 지식이 그러한 것처럼 인간의 지식이 그 자체에서나 그 본성에 따라서 불완전한 것이라고 한다면, 그리고 근원적으로 우리의 정신 속에는 서로 간에 어떠한 점에서도 연관되어 있지 않고 또 연관될 수도 없는 다수의 실마리들이 놓여 있다고 한다면, 우리는 다시 한번 우리의 본성에 반대하여 논란을 벌일 수 없을 것이다. 우리의 지식은 그것이 확대되는 그만큼은 물론 확실하지만, 그러나 그것은 하나의 **통합된** 지식이 아니라, 수많은 학문들일 것이다. — 그렇다면 우리의 집은 물론 견고하게 서 있지만, 하나의 연관된 건축물이 아니라 그저 방들의 집합일 뿐이어서, 우리는 그 방들 가운데 하나에서 다른 하나로 넘어갈 수 없을 것이다. 그것은 우리가 그 속에서 언제나 헤맬 뿐으로 결코 안주할 수는 없을 그러한 집일 것이다. 거기에는 아무런 빛도 없을 것이고, 우리는 우리의 부가 아무리 풍요롭다 할지라도 계속해서 가난할 것이다. 왜냐하면 우리는 이와 같은 부를 결코 헤아리지 못하고, 또한 결코 전체로서 고찰하지도 못하며, 나아가 우리가 소유하고 있는 것이 본래 무엇인지도 결코 알지 못하기 때문이다. 또한 우리는 결코 그와 같은 부의 한 부분을 그 밖의 것의 개선을 위해 적용할 수도 없을 것이다. 왜냐하면 어떠한 부분도 그 밖의 것에 관계되어 있지 않기 때문이다. 더 나아가 우리의 지식은 결코 완성되지도 않을 것이다. 우리는 날마다 새로운 생득적인 진리가 우리 속에서 나타나거나, 또는 경험이 우리에게 새로운 단순한 것을 제공하게 되리라고 기대해야만 하는 것이다. 우리는 언제나 그 어디서든지 간에 새로운 집이 세워질 것에 대비해야만 할 것이다. — 그렇다고 한다면 [54] 다른 학문들을 근거지우기 위한 보편적인 학문론이 필요하지 않을 것이다. 모든 학문은 제각각 자기 자신 위에 근거지어질 것이며, 직접적으로 확실한 개별적인 근거명제들이 존재하는 만큼의 학문들이 존재하게 될 것이다.

그러나 첫 번째 경우에서처럼 하나의 체계의 가령 단순히 하나의 단편이나 여럿의 단편들이 존재하는 것이 아니어야 한다면, 또는 두 번째 경우에서처럼 여럿의 체계가 존재하는 것이 아니라 완성되고 통일된 체계가 인간 정신 속에 존재해야 한다면, 그와 같은 최상의 절대적으로 최초의 근거명제가 존재해야만 한다. 그 근거명제로부터 우리의 지식이 또한 그토록 많은 계열들로 확대되고, 그 계열들 각각의 모두로부터 또다시 계열들이 확대되는 것이 계속된다 할지라도, 모든 계열은, 그 어느 것에도 고정되어 있지 않고 오히려 자기 자신의 힘에 의해 자기와 전체 체계를 유지하는 하나의 유일한 고리 속에 확고히 매달려 있지 않을 수 없다. — 우리는 이제 자기 자신의 중력을 통해 스스로를 유지하는 지구를 갖는 바, 그것의 중심점은 우리가 현실적으로 다만 그것의 둘레에 세워놓을 뿐 가령 허공 속으로 세워놓지는 않고 또 다만 수직적으로 세워놓을 뿐, 가령 비스듬히 세워놓지는 않는 모든 것을 강력히 끌어들이게 될 것이며, 자기의 영역으로부터 티끌 하나도 벗어나게 하지 않을 것이다.

그와 같은 체계와 — 그러한 체계의 조건인 것이지만 — 그와 같은 근거명제가 과연 존재하는가에 관해서 우리는 탐구에 앞서 미리 결정할 수 없다. 근거명제는 단순한 명제로서 증명될 수 없다. 뿐만 아니라 또한 그것은 모든 지식의 근거명제로서도 증명될 수 없다. 관건이 되는 것은 한번 시험해 보는 것이다. 만약 우리가 모든 인간 지식의 근거명제의 내적 조건들을 지니는 명제를 발견한다면, 우리는 그것이 또한 외적인 조건들을 지니는지 어떤지, 그리고 과연 우리가 알고 있거나 알고 있다고 믿는 모든 것이 그것으로 환원될 수 있는지 어떤지를 시험해 보고자 한다. 그 일에 성공한다면, 우리는 학문을 현실적으로 세움으로써 그 학문이 가능하다는 것과 인간 지식의 체계가 존재하며 그 학문이 바로 그 체계의 서술이라는 것을 증명한 셈이 될 것이다. 우리가 그 일에 성공하지 못한다면, 도대체가 그와 같은 체계가 존재하지 않거나, 아니면 우리가 그 체계를 다만 발견하지 못했을 뿐일 것이고, 그 체계의 발견을 좀더 많은 행운을 누릴 계승자에게 넘겨야만 할 것이다. **우리**가 그것을 발견하지 못했다고 해서 도대체가 인간 지식의 체계란 존재하지 않는다고 곧바로 주장하는 것은 월권이며, 그와 같은 월권에 대해 반박하는 것이야말로 진지한 고찰에 어울리는 일이라 할 것이다.

제 2 편

학문론의 개념에 대한 논구

§ 3. (학문론의 개념에 관한 상세한 논구의 과제)

[55] 하나의 개념을 학문적으로 논구한다는 것 — 여기서 모든 논구들 가운데 다음과 같은 최상의 논구 말고 다른 것에 대해 이야기할 수 없다는 것은 명백하다 —, 나는 사람들이 인간의 학문들 일반의 체계에서 그 개념의 장소를 제공할 때, 다시 말하자면 어떤 개념이 그 개념에게 그것의 위치를 규정해 주며, 어떤 다른 개념의 위치가 그 개념에 의해 규정되는지를 드러내 보일 때 그것을 하나의 개념을 학문적으로 논구한다고 부른다. 그러나 이제 학문론 일반의 개념은 지식 일반의 개념과 마찬가지로 모든

학문들의 체계에서 하나의 장소를 가질 수 없다. 오히려 그것 자체가 모든 학문적 개념들을 위한 장소이며, 그 개념들에게 그것들의 위치를 자기 자신 안에서 그리고 자기 자신을 통해 지정해 준다. 명백한 것은 여기서 오로지 가설적인 논구에 대해서만 말하고 있다는 점인데, 다시 말하자면 물음은 다음과 같다. 이미 학문들이 존재한다는 것, 그리고 그 학문들 속에 진리가 존재한다는 것(우리가 이러한 점을 보편적인 학문론에 앞서 먼저 알 수 있는 것은 전혀 아니다)이 전제된다면, 세워져야 할 학문론은 이 학문들에 대해 어떠한 관계를 맺고 있는 것인가?

이 물음도 역시 학문론의 단순한 개념에 의해 이미 대답되어 있다. 학문들이 학문론에 대해 맺고 있는 관계는 근거지어진 것(das Begründete)이 자기의 근거에 대해 맺는 관계와 마찬가지다. 다시 말하자면 학문들이 학문론에게 그것의 위치를 지정해 주는 것이 아니라, 학문론이 학문들 모두에게 그것들의 위치를 자기 자신 안에서1) 그리고 자기 자신을 통해서 지정해 주는 것이다. 따라서 여기

---

1) 본래적으로는 학문론 안에서가 아니라, 학문론이 그것의 모사이어야 할 지식의 체계 안에서. (저자의 난외 보충)

서 문제로 되는 것은 이러한 대답을 그 이상으로 더 전개시키는 것이다.

(1) 학문론은 모든 학문들의 학문이어야 할 것이다. 여기서 무엇보다도 우선 다음과 같은 물음이 성립한다. 학문론은 그것이 지금까지 알려지고 발견된 모든 학문뿐만 아니라, 또한 발견될 수 있고 [56] 가능한 학문들마저도 근거지었다는 것과, 그리하여 그것이 인간 지식의 전 영역을 완전히 남김없이 파헤쳤다는 것을 어떻게 보증할 수 있는가? (이것은 아이네시데무스에 반대된다. **저자의 난외 보충**)

(2) 이러한 측면에서 학문론은 모든 학문들에게 그들의 근거명제들을 제공해야 할 것이다. 따라서 어떤 하나의 특수한 학문에서 근거명제들인 모든 명제들은 동시에 또한 학문론 내부의 고유한 명제들이기도 하다. 요컨대 하나이자 전혀 동일한 명제가 두 가지 관점으로부터, 즉 한 번은 학문론에 포함된 명제로서, 그 다음으로는 특수한 학문의 정점에 놓여 있는 근거명제로서 고찰되어야 하는 것이다. 학문론은 자기 속에 포함되어 있는 것인 그 명제로부터 계속해서 추론해 간다. 그리고 특수한 학문은 자기의 근거

명제인 똑같은 명제로부터 또한 계속해서 추론해 간다. 그러므로 한편으로는 두 학문들에서 똑같은 것이 따라 나오게 될 수 있다. 요컨대 모든 특수한 학문들은 그들의 근거명제에 따라서 뿐만 아니라 또한 도출된 명제들에 따라서도 학문론 속에 포함되어 있으며, 따라서 도대체가 어떤 특수한 학문이 존재하는 것이 아니라, 오로지 하나이자 전혀 동일한 학문론의 부분들만이 존재하게 되는 것이다. 다른 한편으로 두 학문들에서 상이한 양식으로 추론될 수도 있겠지만, 그것 역시 가능하지 않다. 왜냐하면 학문론은 모든 학문들에게 그들의 형식을 제공해야 하기 때문이다. 또는 단순한 학문론의 하나의 명제에 뭔가 어떤 것이 덧붙여져야만 하지만, 물론 그 어떤 것은 그 하나의 명제가 특수한 학문의 근거명제로 되어야 한다면 학문론에서가 아니라면 다른 곳에서 결코 빌려올 수 있는 것이 아니다. 그렇다면 성립하는 물음은 다음과 같다. 덧붙여지는 것은 어떤 것이며, 또는 — 이 덧붙여지는 것이 구별을 형성하는 까닭에 — 학문론 일반과 특수한 각각의 모든 학문 간의 규정적인 한계는 어떤 것인가?

(3) 나아가 학문론은 똑같은 측면에서 모든 학문들에게 그들의 형식을 규정해 주어야 할 것이다. 이러한 것이 어

떻게 이루어질 수 있는지에 대해서는 이미 위에서 제시한 바 있다. 그러나 **논리학**(*Logik*)이라는 이름을 지니고 있는 하나의 다른 학문이 똑같은 요구들을 제기하면서 우리의 길을 가로막고 나선다. 그 둘 사이에서 학문론이 논리학에 대해 어떤 관계를 맺고 있는지가 결정되어야만 하며 또 탐구되어야만 한다.

(4) 학문론은 그 자체가 하나의 학문이며, [57] 이러한 측면에서 그것이 무엇을 수행해야 하는가 하는 것은 위에서 규정되어 있다. 그러나 그것이 형식적 의미에서 단순한 학문, 즉 하나의 지식인 한에서 그것은 무언가 **어떤 것**에 대한 학문이다. 요컨대 그것은 하나의 대상을 지닌다는 것이며, 위에서 이야기한 것으로부터 이 대상이 인간 지식 일반의 체계 이외에 다른 것이 아니라는 것은 명백하다.[2) 그렇다면 성립하는 물음은 다음과 같다. 학문으로서의 그 학문은 자기의 대상 그 자체에 어떻게 관계하는가?

---

2) 왜냐하면 학문론은 (1) 학문 일반은 어떻게 가능한가? 라고 묻기 때문이다. (2) 학문론은 하나의 유일한 근거명제 위에 세워진 인간 지식을 남김없이 파헤치라는 요구를 제기한다. (**저자의 난외 보충**)

§ 4. 학문론은 인간의 지식 일반을 남김없이 파헤쳤다는 것을 어느 정도로 보증할 수 있는가?

지금까지의 참된 또는 상상된 인간의 지식은 인간의 지식 일반이 아니다. 한 철학자가 지금까지의 지식을 실제로 포괄하여 그것이 자기의 체계 속에 포함되어 있다는 것을 완전한 귀납을 통해 증명할 수 있었다 하더라도, 그렇다고 해서 그가 철학 일반의 과제를 충족시킨 것은 결코 아닐 것이다. 왜냐하면 그가 지금까지의 경험으로부터 이루어진 자신의 귀납을 통해 미래에도 역시 그의 체계에 들어맞지 않는 어떠한 발견도 이루어질 수 없으리라는 점을 증명하기를 바랄 수는 도대체 없을 것이기 때문이다. —

그가 가령 다만 인간적 실존의 현재의 영역에서 가능한 지식만을 남김없이 파헤치고자 한다는 탈출구가 있을 수 있겠지만 그것이 그리 철저한 것은 아닐 것이다. 왜냐하면 만약 그의 철학이 오로지 이 영역에 대해서만 타당하다고 한다면 그는 가능한 다른 영역은 알지 못하며, 따라서 또한 그의 철학을 통해서 남김없이 파헤쳐져야 할 영역의 한계들도 알지 못하는 셈이기 때문이다. 그는 자의적으로 한계를 그은 것이며, 그 한계의 타당성을 지금까지의 경험을 통하는 것 이외에 다른 어떤 것을 통해서도 거의 증명할 수 없는 것이다. 그리고 지금까지의 경험은 그 철학자 앞에 놓여진 영역 내부에서조차 미래의 경험과 언제나 모순될 수 있을 것이다. 인간의 지식 일반이 남김없이 파헤쳐져야 한다는 것은 그것이 무제약적이고 단적으로 규정되어야 한다는 것을 의미하는 바, 그와 같은 지식 일반은 인간이 단순히 [58] 그의 실존의 현 단계에서가 아니라 그 실존의 가능하고 생각할 수 있는 모든 단계들에서 알 수 있는 그런 것이다.3)

---

3) 가능하긴 하지만 오직 통속-철학자만이 제기할 수 있을 이의에 대해! (제1판의 보충) 물론 인간 정신의 본래적인 과제들은 그 수에 따라서나 그 외연에 따라서나 무한하다. 그 과제들의 해결

이와 같이 인간 지식 일반을 남김없이 파헤친다고 하는 것은 오로지 다음과 같은 조건들 하에서만 가능하다. 그 조건들은 무엇보다도 우선 세워진 근거명제가 남김없이 파헤쳐져 있다는 점이 제시될 수 있다고 하는 것이며, 그 다음으로는 세워진 것 이외에 다른 근거명제는 가능하지

은 오로지 무한자로의 완전한 접근을 통해서만 가능할 것이지만, 그러나 그러한 접근은 그 자체에서 불가능하다. 그러나 그 과제들이 그러한 까닭은 다만 그것들이 곧바로 무한한 것으로서 주어질 뿐이기 때문이다. 그것은 그 중심점이 주어져 있는 하나의 무한한 원의 무한히 많은 반지름들이다. 그리고 중심점이 주어져 있는 것처럼, 아마도 무한한 원 전체와 그 무한히 많은 반지름들도 주어져 있다. 물론 그것들의 하나의 마지막 점은 무한성 속에 놓여 있다. 그러나 다른 마지막 점은 중심점에 놓여 있으며, 그것은 모두에게 공통적이다. 중심점은 주어져 있으며, 또한 선들의 방향도 주어져 있다. 왜냐하면 그것들은 직선들이기 때문이다. 그러므로 모든 반지름들은 주어져 있다. (무한한 수의 반지름들로부터 개별적인 반지름들은 우리의 근원적인 제한성의 점진적인 발전에 의해 현실적으로 그어질 수 있는 것으로서 규정되지만, 주어지는 것은 아니다. 그것들은 중심점과 함께 동시에 주어져 있는 것이다.) 인간의 지식은 그 정도에 따라서는 무한하지만, 그 종류에 따라서는 그것의 법칙에 의해서 완벽하게 규정되어 있으며, 전적으로 남김없이 파헤쳐질 수 있다. 과제들은 거기 놓여 있으며 남김없이 파헤쳐질 수 있다. 그러나 그것들은 해결되어 있지 않으며 해결될 수 없을 것이다. (저자의 난외 보충)

않다는 점이 제시될 수 있다고 하는 것이다.

하나의 근거명제는 완전한 체계가 그 위에 세워져 있을 때, 다시 말하자면 근거명제가 필연적으로 세워진 **모든** 명제들로 나아가고, 세워진 **모든** 명제들이 필연적으로 또다시 근거명제로 환원될 수 있을 때 남김없이 파헤쳐져 있다. 만약 근거명제가 거짓일 때 참일 수 있는 명제가 전체 체계에서 나타나지 않는다면 — 또는 근거명제가 참일 때 거짓일 수 있는 명제가 전체 체계에서 나타나지 않는다면, 이러한 것은 어떤 하나의 명제도 너무 많이 체계 속으로 받아들여져 있지 않다는 것에 대한 부정적 증명이다. 왜냐하면 체계에 속하지 않는 그와 같은 명제는 근거명제가 거짓일 때 참일 수 있을 것이기 때문이며, — 또는 근거명제가 참이라고 할지라도 거짓일 수 있을 것이기 때문이다. 근거명제가 주어져 있다면, 모든 명제들이 주어져 있어야만 한다. 요컨대 근거명제 속에 그리고 그것을 통해서 각각의 모든 개별적인 (특수한, **저자의 난외 보충**) 명제들이 주어져 있는 것이다. [59] 우리가 위에서 학문론에서의 개별적 명제들의 연쇄에 관해 말했던 것으로부터 명백한 것은 이제 이 학문이 위에서 제시된 부정적 증명을 직접적으로 자기 자신 속에서 그리고 자기 자신을 통해서 수행한다는 점이다. 그 부정적 증명을 통해서 증명되는 것은 학문 일반이 **체계적**이며, 그것의 모든 부분들이 하나의 유일한 근거명제 속에서 연관되어 있다고 하는 것이다. ― 학문은 하나의 **체계**이다. 또는 학문은 어떤 하나의 명제도 더 이상 추론될 수 없을 때 완성된다. 그리고 이러한 것이 체계 속에 어떤 하나의 명제도 너무 적게[4] 받아들여진 것은 아니라는 것에 대한 긍정적 증명을 제공한다. 물음은 다만 다음과 같은 것, 즉 언제 그리고 어떤 조건들하에서 명제가 그 이상으로 추론될 수 있는가 하는 것일 뿐이다.[5] 왜냐하면 단순히 상대적이고 부정적인 징표, 즉 나는 그 이상으로 무엇이 따라 나올 수 있는지 알지 못한다는 것이 아무것도 증명하지 못한다는 점은 명백하기 때문이다. 아마도 내 뒤에 내가 아무것도 보지 못하는 곳에서 무엇인가를 보는 다른 사람이 나올 수도 있을 것이다. 우리는 증명을 위한 긍정적인 징표, 즉 단적이고 무제약적으로 아무것도 그 이상으로는 추론될 수 없다고 하는 것을 필요

---

4) 너무 많이. (제 1 판)

5) [옮긴이 주] 이 문장은 "물음은 다만 다음과 같은 것, 즉 언제 그리고 어떤 조건들하에서 명제가 그 이상으로 추론될 수 없는가 하는 것일 뿐이다"로 읽는 것이 좋을 것이다.

로 한다. 그리고 그것은 우리가 그로부터 출발했던 근거명제 자체가 동시에 또한 최종적인 결과이기도 하다는 것 이외에 다른 것일 수 없을 것이다. 그렇게 되면 우리가 이미 한번 거쳐 간 길을 다시 한번 걸어가지 않고서는 더이상 나아갈 수 없다는 것이 명백할 것이다. — 학문이 일단 세워지게 되면 그것에서는, 학문이 이러한 원환을 현실적으로 완성하여 탐구자로 하여금 그가 출발했던 바로 그 점에서 끝마치도록 한다는 것과, 그리하여 학문이 두 번째의 긍정적인 증명을 마찬가지로 자기 자신 속에서 그리고 자기 자신을 통해서 수행한다는 점이 제시될 것이다.[6]

그러나 비록 세워진 근거명제가 남김없이 파헤쳐지고 그 위에 완전한 체계가 세워져 있다 할지라도, [60] 그로부터 그 근거명제에 대한 남김 없는 파헤침을 통해 인간의 지식 일반이 남김없이 파헤쳐져 있다는 것이 따라 나

---

6) 그러므로 학문론은 절대적 총체성을 지닌다. 학문론에서는 하나가 모든 것으로, 모든 것이 하나로 나아간다. 그러나 학문론은 완성될 수 있는 유일한 학문이다. 따라서 완성은 학문론의 두드러진 특성이다. 다른 모든 학문들은 무한하며, 결코 완성될 수 없다. 왜냐하면 다른 학문들은 또다시 그들의 근거명제로 되돌아가지 않기 때문이다. 학문론은 이 점을 모든 학문을 위해 증명해야 하며 그 근거를 제시해야 한다. (저자의 난외 보충)

오는 것은 전혀 아니다. 요컨대 증명되어야 할 것이 이미 전제되지 않는다면, 즉 저 근거명제가 인간의 지식 일반의 근거명제라는 것이 이미 전제되지 않는다면 인간의 지식 일반이 남김없이 파혜쳐져 있다는 것이 따라 나오는 것은 아닌 것이다. 물론 저 완성된 체계에 대해서는 그 이상의 것이 그것에 대해서나 그것에 의해서나 아무것도 행해질 수 없다. 그러나 그 점은 도대체가 가령 미래에, 비록 지금까지는 그것의 어떠한 흔적도 보이고 있지 않을지라도, 더 많아진 경험을 통해 저 근거명제 위에 근거지어지지 않고 따라서 하나 또는 여럿의 다른 근거명제들을 전제하는 인간 의식에 대한 명제들에 다다를 수 있으리라는 것을 방해하지 못한다. 짧게 말하자면 어째서 저 완성된 체계 이외에 하나 또는 여럿의 다른 체계들이 인간 정신 속에 존립할 수 없어야 한다는 말인가? 라는 물음이 제기되는 것이다. 그 체계들은 저 첫 번째 체계와는 물론이고, 또한 자기들 사이에서도 최소한의 연관 내지 최소한의 공통점도 지니지 않을 것이다. 그러나 그것들이 하나의 유일한 체계가 아니라 여럿의 체계를 형성한다고 하면 마땅히 그러한 공통점을 갖지 않아야 할 것이다. 그러므로 만약 그와 같은 새로운 발견들의 불가능성이 만족스럽게 제시되어야 한다면, 오로지 하나의 유일한 체계만이 인간의 지식 속에 있을 수 있다는 **점**이 증명되어야만 할 것이다. ─ 이러한 명제, 즉 인간의 모든 지식이 자기 자신 속에서 연관되어 있는 단 하나의 유일한 지식을 형성한다고 하는 명제 자체가 인간 지식의 구성부분이어야만 하는 까닭에, 그것은 모든 인간 지식의 근거명제로서 세워진 명제 이외에 다른 어떤 것 위에도 근거지어질 수 없으며, 그 명제로부터가 아니라면 그 어느 곳으로부터도 증명될 수 없다. 그리하여 이제 최소한, 가령 일단 인간의 의식에 도달하는 다른 근거명제는 단적으로 **다른** 명제이자 내세워진 근거명제와는 **상이한** 명제일 뿐만 아니라, 또한 그 형식에 따라 그 근거명제와는 모순되는 명제라는 점이 분명하게 획득될 것이다. 왜냐하면 위의 전제하에서는 내세워진 근거명제 속에 다음과 같은 명제, 즉 인간의 지식 속에는 하나의 통합된 체계가 있다는 것이 포함되어 있어야만 하기 때문이다. 그런데 이러한 하나의 통합된 체계에 속하지 않아야 할 각각의 모든 명제는 이 체계와 단적으로 상이할 뿐만 아니라, 심지어 저 체계가 통합된 가능한 체계이어야 하는 한에서, [61] 이미 그것의 단적인 현존재에 의해 곧바로 그 체계에 모순되기까지 할 것이다. 그러한 명제는

체계의 통합성이라는 저 도출된 명제에 모순되며, 그리고
— 저 체계의 **모든** 명제가 서로 분리될 수 없게 연관되어
있고, 어떤 하나가 참이라면 필연적으로 모두가 참이고,
어떤 하나가 거짓이라면 필연적으로 모두가 거짓이어야
하는 까닭에 — 체계의 각각의 모든 명제에, 그리고 특별
히 또한 근거명제에 모순될 것이다. 만약 이 낯선 명제 역
시 위에서 기술된 방식으로 체계적으로 의식 속에 근거지
어져 있다는 것이 전제된다면, 그 명제가 속하는 체계는
그것의 현존재라고 하는 단적인 형식적 모순 때문에 첫
번째 체계 전체에 또한 내용적으로도 모순되어야만 할 것
이고, 첫 번째 근거명제에 곧바로 대립되는 근거명제 위에
기초해야만 할 것이다. 따라서 전자의 명제가 예를 들어
나는 나다(Ich bin Ich, 자아는 자아다)라는 명제라면, —
두 번째 명제는 나는 내가 아니다 라는 것이어야만 할 것
이다.

이러한 모순으로부터 이제 곧바로 그와 같은 두 번째
근거명제의 불가능성이 추론되어야 하고 또 그럴 수 있다.
만약 첫 번째 근거명제 속에 다음과 같은 명제, 즉 인간
지식의 체계는 하나의 통합된 체계라는 명제가 놓여 있다
면, 물론 이러한 통합된 체계에는 아무것도 모순되어서는

안 된다고 하는 명제 역시 그 속에 놓여 있다. 그러나 그 두 명제는 바로 그 근거명제 자체로부터의 추론들이며, 그로부터 따라 나오는 모든 것의 절대적 타당성과 마찬가지로, 심지어 이미 그 근거명제가 절대적으로 최초의 유일한 근거명제라는 것과 인간의 지식 속에서 단적으로 지배하고 있다는 것이 가정된다. 그러므로 여기에 인간 정신이 결코 그로부터 벗어날 수 없는 원환이 존재한다. 그리고 우리가 가령 원환의 예기치 않은 발견을 두고 당혹감에 빠지지 않기 위해 이러한 원환을 규정적으로 승인하는 것은 아마도 정당할 것이다. 그 원환은 다음과 같다. 즉 만약 명제 X가 인간 지식의 최초이자 최상의 절대적 근거명제라면, 인간의 지식 속에는 통합된 체계가 존재한다. 왜냐하면 나중의 체계는 명제 X로부터 따라 나오기 때문이다. 그런데 인간의 지식 속에는 하나의 통합된 체계가 존재해야 하기 때문에, 현실적으로 (세워진 학문에 따라) 체계를 근거지우는 명제 X는 인간 지식 일반의 근거명제이며, [62] 그 위에 근거지어진 체계는 인간 지식의 저 통합된 체계이다.

이제 우리는 이러한 원환에 관해 놀라움에 사로잡힐 원인을 갖고 있지 않다. 원환이 제거되기를 바라는 것은, 인간의 지식이 완전히 근거 없기를, 심지어 단적으로 확실한 것은 아무것도 없고 모든 인간의 지식은 오로지 제약되어 있기만을, 그리고 어떠한 명제도 그 자체에서 타당한 것이 아니라 그 모두는 다만 그것이 그로부터 따라 나온 바의 그것이 타당하다는 조건하에서만 타당해야 하기를 바라는 것을 뜻하며, 한마디로 하자면 그것은 도대체가 직접적인 진리는 존재하지 않고, 오로지 매개된 진리만이 — 그것도 **그것을 매개해 주는 어떤 것 없이** 존재한다고 주장하는 것을 뜻한다. 이러한 것에 대한 열망을 가지는 자는 언제라도, 그의 자아가 자아가 아닐 때, 다시 말하자면 그가 실존하지 않을 때, 그리고 비아를 그의 자아로부터 구별할 수 없을 때 그가 알게 될 것이 무엇일지를 탐구해 볼 수 있을 것이다.

§5. 보편적 학문론을 특수한 학문, 즉 학문론에 의해 근거지어지는 학문으로부터 가르는 한계는 어떤 것인가?

우리는 위에서(§3) 하나이자 전적으로 동일한 명제가 똑같은 관계에서 보편적 학문론의 명제이자 어떤 하나의 특수한 학문의 근거명제일 수 없고, 오히려 그것이 특수한 학문의 근거명제이어야 한다면 뭔가 그 이상의 어떤 것이 덧붙여져야만 한다는 점을 발견했다. — 덧붙여져야만 하는 것은 보편적 학문론 이외의 어떤 다른 곳으로부터 빌려올 수 없다. 왜냐하면 학문론 속에는 가능한 모든 인간지식이 포함되어 있기 때문이다. 그러나 덧붙여져야 할 그것은 거기서 이제 그것의 보충을 통해 특수한 학문의 근거명제로 고양되어야 할 바로 그 명제 속에 놓여 있어서는 안 된다. 왜냐하면 만약 그렇지 않다면 그 명제는 이미 거기서 근거명제일 것이고, 우리는 특수한 학문과 보편적 학문론의 부분들 사이에 어떠한 한계도 갖지 못할 것이기 때문이다. 따라서 근거명제가 되어야 할 그 명제와 통합되는 것은 학문론의 뭔가 하나의 개별적인 명제이어야만 한다. — 여기서 우리는 학문론 자체의 개념으로부터 출현하는 직접적인 이의제기가 아니라, 학문론 이외에 [63] 현실적으로 학문론으로부터 분리된 또 다른 학문들이 존재한다는 전제로부터 나타나는 이의제기에 대답해야 하는 까닭에, 우리는 그 이의제기에 대해 마찬가지로 하나의 전제를 통하는 것 이외에 달리 대답할 수 없을 것이다. 그리고 만약 우리가 요구되고 있는 한계 긋기의 오로지 어떤 하나의 가능성만을 제시하게 된다면, 그것으로 우리는 충분히 명확하게 행한 셈일 것이다. 그것이 참된 한계를 제시한다는 것에 대해서는 — 비록 그것이 아마도 사실이라 할 수 있을지라도 — 우리는 여기서 증명할 수 없고 또 증명해서도 안 될 것이다.

따라서 우리는 학문론이 인간 정신의 규정된 행위들을 포함하는 바 그 행위들은 인간 정신이 그 모두를 — 제약된 것이거나 무제약적인 것이거나 간에 ─ 강제적이고 필연적으로 산출하는 바로 그것들이라고 정립한다. 그러나 학문론은 그러함에 있어 저 필연적인 행위 일반의 최상의 설명근거로서 스스로를 단적으로 강제와 강요 없이 행위 일반으로 규정할 수 있는 인간 정신의 능력을 내세운다. 그리하여 학문론에 의해서는 필연적인 행위와 필연적이지 않거나 또는 자유로운 행위가 주어져 있게 될 것이다. 인간 정신이 필연적으로 행위하는 한, 그것의 행위들은 학문론에 의해서 규정되어 있을 것이지만, 그러나 인간 정신이 자유롭게 행위하는 한에서는 그렇지 않다. ─ 더 나아가 우리는 다음과 같이 정립한다. 즉 자유로운 행위들 역시 어떤 하나의 근거로부터 규정되어야 할 것이며, 따라서 그러한 일은 학문론에서 발생할 수 없겠지만, 그럼에도 불구하고 **규정**에 대해서 말하고 있는 까닭에 **학문들**에서, 그러므로 특수한 학문들에서 발생해야만 할 것이다. 그런데 이러한 자유로운 행위들의 대상은 학문론 일반에 의해 주어진 필연적인 것 이외에 다른 것일 수 없을 것이다. 왜냐하면 학문론이 제공하지 않은 것은 아무것도 현전하지 않기 때문이고, 또 학문론은 언제나 필연적인 것 이외에 아무것도 제공하지 않기 때문이다. 따라서 특수한 학문의 근거명

제에서는 학문론이 자유롭게 남겨두었을 행위가 규정되어
야만 할 것이다. 학문론은 근거명제에 필연적인 것과 자유
일반을 주지만, 그러나 특수한 학문은 자유에 그 자유의
규정을 주는 것이다. 그리고 이제 날카로운 한계선이 발견
되어 있다고 한다면, 그리고 그 자체에서 자유로운 행위가
특정한 방향을 얻게 되자마자, 우리는 보편적 학문론의 영
역으로부터 [64] 특수한 학문의 분야로 건너가게 된다. ―
나는 두 가지 예를 통해 분명히 하고자 한다.

학문론은 필연적인 것으로서 공간과 점을 절대적 한계
로서 제공한다. 그러나 학문론은 상상력에게 그것이 하고
싶어하는 것이 무엇이든 간에 그 점을 정립하는 완전한
자유를 허락한다. 이러한 자유가 규정되자마자, 예를 들어
그 점을 한정되지 않은 공간의 한정에 반대하여 계속해서
운동시키고, 이를 통해 선7)을 긋도록 그 자유가 규정되자

---

7) 수학자에 대한 하나의 물음! ― 직선의 개념은 이미 선의 개념
속에 놓여 있지 않은가? 직선 이외에 다른 선들이 존재하는가?
그리고 이른바 곡선은 무한히 많은, 즉 무한히 가까운 점들을 함
께 계열화시킨 것과는 다른 어떤 것인가? 내게는 무한한 공간의
한계선으로서의 그것의 원천이 (중심점으로서의 나에 의해 무한
히 많은 무한한 반지름들이 그어지지만, 그러나 우리의 제한된
상상력은 그것들에게 마지막 점을 정립해야만 한다. 일자로서

마자, 우리는 더 이상 학문론의 영역에 있는 것이 아니라 기하학이라 불리는 특수한 학문의 지반 위에 있게 되는 것이다. 공간을 규칙에 따라 한정하는 과제 일반이나 또는 공간에서의 작도는 기하학의 근거명제이며, 이를 통해 기하학은 학문론으로부터 날카롭게 단절된다.

학문론의 존재와 그 학문론의 규정들에 따라 우리로부터 독립적인 것으로서 간주되어야 하는 자연[8]과, 그 자연이 그에 따라 고찰되어야 하고 또 고찰되어야만 하는[9] 법

사유된 이러한 마지막 점은 원천적인 원환이다) 그에 대해 보장해 주는 것처럼 보인다. 그리고 이로부터 그것들을 직선에 의해 재는 과제가 무한하며, 오로지 무한자에 대한 완성된 접근에 있어서만 충족될 수 있다는 **사실**과 **왜** 그러한지가 명확하게 된다. ― 마찬가지로 그로부터 왜 직선이 정의될 수 없는가 하는 것도 명확하게 된다. (제1판 주해)

8) 비-아. (제1판)

9) 많은 자연탐구자에게 아무리 기이하게 보일 수 있을지라도, 다음과 같은 점이 엄밀하게 증명될 수 있다는 것은 제때에 제시될 것이다. 즉 자연탐구자 자신이 그가 자연에 대한 관찰을 통해 배운다고 믿고 있는 자연의 법칙들을 처음에 자연 속으로 집어넣었다는 것과, 자연 즉 가장 작은 것 및 가장 큰 것, 다시 말하자면 아주 자그마한 풀줄기의 구성 및 종의 운동이 모든 관찰에 앞서 먼저 모든 인간 지식의 근거명제로부터 도출될 수 있다는 것이다. 법칙이 적용될 수 있는 대상이 주어지지 않는다면 어떠

칙들은 학문론을 통해 필연적인 것으로서 주어져 있다. 그러나 [65] 거기서 판단력은 이러한 법칙들 일반을 적용하거나 적용하지 않을 자기의 완전한 자유를, 또는 법칙들의 다양성 및 대상들의 다양성에 있어 그 법칙이 어떤 법칙이든지 간에 그것을 임의의 대상에 적용할 완전한 자유를 보유하는 바, 예를 들어 인간의 육체를 자연 그대로의 것이거나 유기체화된 것으로서, 또는 동물적인 생명을 갖춘 물질로서 고찰할 스스로의 완전한 자유를 보유하는 것이다. 그러나 판단력이, 일정한 대상이 일정한 법칙과 일치하는지 아닌지, 나아가 그렇다면 어떻게 그러한지를 파악하기 위해 일정한 대상을 일정한 법칙에 따라 관찰할 과제를 획득하자마자,[10] 판단력은 더 이상 자유롭지 않으며

_____

한 자연법칙도 그리고 도대체가 어떠한 법칙도 의식에 도달하지 못한다는 것은 참이다. 그리고 모든 대상들이 필연적인 것은 아니며 모두가 똑같은 정도로 법칙과 일치해야만 하는 것도 아니라는 것 역시 참이다. 또한 어떤 단 하나의 법칙도 전적으로 완전하게 그 대상들과 일치하지 않으며 또 일치할 수 없다는 것도 참이다. 그러나 바로 그러한 까닭에 우리가 그것들을 관찰을 통해 배우는 것이 아니라 그것들이 모든 관찰의 근저에 놓여 있으며, 그것들이 우리로부터 독립적인 자연을 위한 법칙들이 아니라, 우리가 자연을 어떻게 고찰해야 하는가 하는 우리 자신을 위한 법칙들이라는 것도 참이다. (제1판 주해)

규칙하에 놓이게 된다. 그리고 그에 따라 우리는 더 이상 학문론이 아니라 자연과학이라고 불리는 다른 학문의 영역에 있게 된다. 경험에서 주어진 각각의 모든 대상을 우리의 정신 속에서 주어진 각각의 자연법칙에서 견지하는 과제 일반은 자연과학의 근거명제이다. 그 과제는 철저히, (우리에 대한 자연의 무규칙적인 영향들에 대한 고통스러운 관계들이 아니라) 우리가 임의적으로 부과하고 자연이 그에 일치하거나 일치할 수 없는 실험들로 이루어진다. 그리고 이를 통해 도대체가 자연과학은 학문론 일반으로부터 충분히 나누어져 있다.

그러므로 우리는 이미 여기서 ─ 단순히 지나치는 김에 상기하는 것이지만 ─ 왜 오로지 학문론만이 절대적 총체성을 지니는지, 그러나 왜 모든 특수한 학문들은 무한하게 되는 것인지를 파악하게 된다. [66] 학문론은 오로지 필연적인 것만을 포함한다. 만약 이 점이 각각의 모든 고찰에서 필연적이라면, 그것은 또한 양의 측면에서도 그러한데,

---

10) 예를 들면 동물적인 생명이 단순한 비유기체적인 것으로부터 설명될 수 있는지 어떤지, 가령 결정체가 화학적 결합으로부터 유기체로의 이행인지 아닌지, 자기적 힘과 전기적 힘이 본질에 있어 하나인지 아니면 상이한지 등등. (저자의 난외 보충)

다시 말하자면 그것은 필연적으로 한정되어 있는 것이다. 그 밖의 모든 학문들은 자유, 즉 우리 정신의 자유와 우리로부터 단적으로 독립적인 자연의 자유로 귀착된다. 만약 이것이 현실적인 자유이어야 한다면, 그리고 그 자유가 단적으로 어떠한 법칙 밑에도 서 있는 것이어서는 안 된다면, 그 자유에 대해서는 바로 법칙을 통해 발생해야만 할 어떠한 작용범위도 미리 규정될 수 없다. 따라서 자유의 작용범위는 무한하다. ― 그러므로 우리는 남김없이 파헤치는 학문론에 대해 인간 정신의 무한히 전진하는 완성 가능성을 걱정해야 할 위험을 지니지 않는다. 다시 말하자면 그러한 점을 통해서 학문론이 지양되는 것이 전혀 아니라, 오히려 완전히 확실하게 그리고 의심의 여지없이 정립되는 것이며, 학문론에게는 그것이 영원히 끝낼 수 없는 과제가 지정되는 것이다.

§6. 보편적 학문론은 특별히 논리학에 대해 어떤 관계를 맺고 있는가?

학문론은 가능한 모든 학문들을 위해 형식을 세워야 한다. ― 아마도 무언가 참된 것을 지니고 있다고도 할 일상적인 견해에 따르자면 논리학이 그와 똑같은 일을 행한다. 이 두 학문은 어떤 관계를 지니고 있으며, 그것들은 특별히 저 과제, 즉 그 둘이 스스로의 것이라고 생각하고 있는 저 과제의 측면에서 어떤 관계를 맺고 있는가?

논리학은 가능한 모든 학문들에게 단적으로 오로지 형식만을 주지만, 그러나 학문론은 형식만이 아니라 또한 내용도 주어야 한다는 점을 떠올리자마자 우리에게는 이러한 지극히 중요한 탐구로 돌파해 들어가기 위한 손쉬운 길이 열린다. 학문론에서는 형식은 내용으로부터, 또는 내용은 형식으로부터 결코 분리되어 있지 않다. 그 둘은 학문론의 명제들 모두에서 아주 내밀하게 통합되어 있는 것이다. 논리학의 명제들 속에 내용이 아니라 가능한 학문들의 단순한 형식이 놓여 있어야 한다면, 그 명제들은 동시에 학문론의 명제들인 것이 아니라 그것들과는 상이하다. 따라서 그 학문 전체도 학문론 자체가 아니며, [67] 또한 가령 그것의 한 부분도 아니다. 이것이 현재의 철학 체제에서 모든 이에게 아무리 기이하게 보인다 하더라도, 논리학은 도대체가 철학적 학문이 아니라 하나의 고유한 분리된 학문이며, 그럼에도 불구하고 그에 의해 논리학의 위엄에 어떤 손상이 발생해야 하는 것은 전혀 아니다.

논리학이 이런 것이라고 한다면, 학문적 취급으로 하여금 학문론의 영역으로부터 논리학의 영역으로 넘어갈 수 있도록 해주고, 따라서 두 학문 간의 한계가 그에 놓여 있는 자유의 규정이 제시될 수 있어야만 한다. 그런데 자유의 그와 같은 규정 역시 쉽사리 제시될 수 있다. 다시 말하자면 학문론에서는 내용과 형식이 필연적으로 통합되어 있는데, 논리학은 내용으로부터 분리된 단순한 형식을 세

위야 한다는 것이다. 그런데 이러한 분리는, 그것이 어떤 근원적인 것이 아니기 때문에, 오로지 자유를 통해서만 발생할 수 있다. 따라서 내용으로부터 단순한 형식의 자유로운 분리는 그에 의해 논리학이 성립하게 되는 바의 것이다. 우리는 그와 같은 분리를 **추상**(*Abstraction*)이라 부른다. 따라서 논리학의 본질은 학문론의 모든 내용을 추상한다는 데 존립한다.

이러한 방식으로 논리학의 명제들은 단순히 형식일 뿐이겠지만, 그러나 그것은 불가능하다. 왜냐하면 명제 일반의 개념에는 그것이 양자를, 즉 형식뿐만 아니라 내용을 지닌다는 점이 놓여 있기 때문이다(§ 1). 따라서 학문론에서 단순한 형식인 바로 그것이 논리학에서는 내용이어야만 할 것이고, 이 내용은 다시 학문론의 보편적 형식을 취하겠지만, 그러나 그것은 여기서 규정적으로 논리적 명제의 형식으로서 사유되리라는 것이다. 그에 의해 형식(일반, **난외**)이 논리학의 고유한 내용으로[11] 되어 자기 자신 내로 귀환하는 자유의 이러한 두 번째 행위는 **반성**(*Reflexion*)이라고 불린다. 어떠한 추상도 반성 없이는 존재하

---

11) 논리학의 내용으로서의 형식의 형식으로. (제1판)

지 않는다. 그리고 어떠한 반성도 추상 없이는 가능하지 않다. 서로로부터 분리되어 사유되고 제각각 그 자체로 고찰되고 있는 두 행위는 자유의 행위들이다. 그리고 바로 이러한 분리에서 양자가 서로에 대해 관계된다면, 한 행위의 조건하에서 두 번째 행위는 필연적이다. [68] 그러나 종합적 사유에 대해서는 양자는 오로지 하나이자 전적으로 동일한 행위가 두 가지 측면에서 파악된 것일 뿐이다.

이로부터 학문론에 대한 논리학의 규정된 관계가 나타난다. 논리학이 학문론을 **근거지우는** 것이 아니라, 후자가 전자를 근거짓는다. 학문론은 단연코 논리학으로부터 증명될 수 없으며, 우리는 학문론에게 어떤 단 하나의 논리적 명제도, 나아가 모순율마저도 타당한 것으로 미리 제시해서는 안 되는 것이다. 그에 반해 각각의 모든 논리적 명제와 전체 논리학이 학문론으로부터 증명되어야만 한다. — 다시 말하자면 논리학에서 내세워진 형식들이 학문론에서의 일정한 내용의 현실적인 형식들이라는 점이 제시되어야만 하는 것이다. 그러므로 논리학이 자기의 타당성을 학문론으로부터 빌려오는 것이지, 학문론이 자기의 타당성을 논리학으로부터 빌려오는 것은 아니다.

더 나아가 학문론이 논리학에 의해서 **제약**되고 **규정**되는 것이 아니라 논리학이 학문론에 의해서 **제약되고 규정**된다. 학문론은 가령 논리학으로부터 자기의 형식을 얻는 것이 아니라, 그것을 자기 자신 안에서 지니며, 그것을 비로소 자유에 의한 가능한 추상을 위해 내세운다. 그러나 그와 반대로 학문론은 논리적 명제들의 타당성과 적용 가능성을 제약한다. 후자가 내세우는 형식들은 사유의 일상적인 과제에서 그리고 특수한 학문들에서 그것들이 이미 학문론에서 자기 내에 붙들고 있는 그와 같은 내용 이외에 어떠한 다른 내용에도 적용되어서는 안 되는 바 — 필연적으로 그것들이 전자에서 자기 내에 붙들고 있는 내용 전체에 적용되어서는 안 된다. 왜냐하면 그렇게 되면 어떤 특수한 학문이 발생하는 것이 아니라, 오로지 학문론의 부분들만이 반복될 뿐이기 때문이다. 그러나 그럼에도 불구하고 그 형식들은 필연적으로 그와 같은 내용의 한 부분, 즉 저 내용 속에서 그 내용과 더불어 파악되는 내용에 적용되어야 한다. 저 조건을 벗어나 그와 같은 방책을 통해 성립된 특수한 학문은, 그 속에서 아무리 논리적으로 올바르게 추론될 수 있다 하더라도, 하나의 환상이다.[12]

---

12) 사물에 대한 거짓된 개념을 내세우는 칸트 이전의 독단적 체계

[69] 마지막으로 학문론은 — 바로 분명히 사유되고 체계적으로 내세워진 학문으로서가 아니라 자연소질로서 — 필연적이지만, 논리학은 인간 정신의 자유로운 인위적 산물이다. 전자가 없다면 도대체가 어떠한 지식도 그리고 어떠한 학문도 가능하지 않을 것이다. 후자가 없다면 모든 학문은 다만 나중에야 성립될 수 있었을 것이다. 전자는 모든 학문의 배타적인 조건이다. 후자는 학문들의 전진을 안전하게 하고 손쉽게 하기 위한 지극히 고마운 발견이다.

나는 여기서 체계적으로 도출된 것을 실례들에서 제시하고자 한다. A = A는 의심할 바 없이 논리적으로 올바른 명제이며, 그것이 논리적으로 올바른 명제인 한에서 그것의 의미는 다음과 같은 것, 즉 **만약** A가 정립되어 있다면, 따라서 A는 정립되어 있다는 것이다. 여기서는 두 가지 물음이 성립한다. 도대체 A는 정립되어 있는가? — 그리고 만약 A가 정립되어 있다면, 그것은 어떻게 그리고 왜 정립되어 있는가? — 또는 전자의 **만약**과 후자의 **따라서**는 도대체 어떻게 연관되는가?

만약 위의 명제에서 A가 나(자아)를 의미한다고 하고,

들이 그러하다. (저자의 난외 **보충**)

그러므로 그 나의 규정적인 내용을 지닌다고 하면, 그 명제는 무엇보다도 우선 나는 나다(Ich bin Ich)를 가리키거나, 또는 **만약** 내가 정립되어 있다면, 따라서 나는 정립되어 있다는 것을 가리킨다. 그러나 그 명제의 주어(주체)는 절대적 주어이기 때문에, 다시 말해 그 주어는 단적으로 존재하기 때문에, 이러한 유일한 경우에서 명제의 형식과 함께 동시에 그것의 내적인 내용이 정립된다. 요컨대 나는 정립되어 있는데, **왜냐하면** 내가 나를 정립했기 **때문이다.** 나는 내가 있기 **때문에** 있다. ― 그러므로 논리학은 다음과 같이 말한다. **만약** A가 있다면 A는 있다. 학문론은 다음과 같이 말한다. A(이러한 규정된 A = 나)가 있기 **때문에** A는 있다. 그리고 이를 통해 도대체 A(이러한 규정된 A)가 정립되어 있는가? 하는 물음에 대해서는 다음과 같이 대답될 것이다. 즉 그것은 정립되어 있는데, **왜냐하면** 그것은 정립되어 있기 **때문이다.** 그것은 무제약적이며 단적으로 정립되어 있다.

만약 위의 명제에서 A가 자아(나)가 아니라 무언가 어떤 다른 것을 의미한다고 하면, 위의 명제로부터 통찰될 수 있는 것은 우리가 A는 정립되어 있다고 말할 수 있게 되는 조건과, 만약 A가 정립되어 있다면 따라서 그것은 정립되어 있다고 추론하는 것이 어떻게 정당화되는가 하는 것이다. ─ 다시 말하자면 A = A라는 명제는 근원적으로 **오로지** 나에 대해서만 타당한 것이다. 그 명제는 나는 나다(Ich bin Ich)라는 학문론의 명제로부터 이끌어내어진다. [70] 그러므로 그 명제가 적용될 수 있어야 하는 모든 내용은 자아 속에 놓여 있어야만 하며, 자아 밑에 포함되어 있어야만 한다. 그러므로 어떤 A도 **자아 속에 정립된 것** 이외에 다른 어떤 것일 수 없으며, 따라서 이제 그 명제는 자아 속에 정립되어 있는 것은 정립되어 있다는 것을 가리킨다. 요컨대 A가 자아 속에 정립되어 있다면 그것은 정립되어 있으며, (다시 말하자면 그것이 가능한 것으로서, 현실적인 것으로서 또는 필연적인 것으로서 정립되어 있는 한에서 정립되어 있고) 그리하여 만약 자아가 자아이어야 한다면, 그 명제는 무모순적으로 참이다. ─ 더 나아가 자아가 정립되어 있기 때문에 그 자아가 정립되어 있다면, 자아 속에 정립되어 있는 모든 것은 그 자아가 정립되어 있기 때문에 정립되어 있다. 그리고 만약 오로지 A가 자아 속에 정립된 어떤 것일 뿐이라면, 따라서 그것은 그것이 정립되어 있기 때문에 정립되어 있다. 그리하여 두 번째 물음도 또한 대답되어 있는 셈이다.

§ 7. 학문으로서의 학문론은 자기의 대상에 어떤 관계를 맺고 있는가?[13]

학문론에서 각각의 모든 명제는 형식과 내용을 지닌다. 우리는 어떤 것을 안다. 그리고 그것은 우리가 그에 대해 아는 어떤 것이다. 그러나 이제 바로 학문론 자체가 어떤 것에 대한 학문이지만, 그러나 학문론이 이러한 어떤 것 자체는 아니다. 따라서 그의 모든 명제들을 지니고 있는 이와 같은 학문은 도대체가 그 학문 앞에 존재하는 일정

---

13) 주목해야 할 점은 이 물음이 지금까지 전적으로 도외시되어 왔으며, 그러므로 선행하는 모든 것은 그 물음에 대한 대답에 따라 수정될 수 있다는 것이다. (저자의 난외 보충)

한 내용의 형식일 것이다. 그 형식은 이러한 내용에 어떻게 관계되는 것인가, 그리고 이러한 관계로부터 따라 나오는 것은 무엇인가?

학문론의 대상은 결국 인간의 지식 체계이다. 인간의 지식 체계는 그에 대한 학문으로부터 독립적으로 현전하지만, 그러나 그 학문에 의해 체계적인 형식으로 세워진다. 그렇다면 이러한 새로운 형식은 무엇인가? 그것은 학문에 앞서 먼저 존재해야만 하는 형식과는 어떻게 구별되어 있는가? 그리고 학문 일반은 자기의 대상으로부터 어떻게 구별되어 있는 것인가?

학문으로부터 독립적으로 인간의 정신 속에 현존하고 있는 것을 우리는 또한 인간 정신의 행위들이라고도 부를 수 있을 것이다. 이 행위들이 현전하는 바로 그 **무엇**(*Was*)이다. 그것들은 모종의 규정된 양식으로 발생한다. 이러한 규정된 양식을 통해 [71] 하나의 행위는 다른 행위와 구별된다. 그리고 이러한 것이 바로 그 **어떻게**(*Wie*)이다. 그러므로 인간의 정신 속에는 근원적으로 우리의 지식에 앞서 먼저 내용과 형식이 존재하며, 양자는 분리될 수 없게 결합되어 있다. 각각의 모든 행위는 규정된 양식으로 법칙에 따라 발생하며, 이 법칙이 행위를 규정한다. 만약 이러한 행위들이 서로 연관되어 있고, 일반적, 특수적 및 개별적 법칙들하에 서 있다고 한다면, 어떠한 관찰자에 대해서도 체계는 존재하고 있다.

그러나 필연적으로 이러한 행위들이 현실적인 시간 순서에 따라서도, 그것들이 서로에 대해 의존하는 것으로서 도출되게 될 저 체계적인 형식에서 서로 잇따라 우리의 정신 속에 출현하게 되는 것은 전혀 아니다. 또한 가령 모든 것을 자기 밑에 포괄하고 최상의 가장 보편적인 법칙을 제공하는 행위가 가장 먼저 출현하고, 그에 이어 그보다 더 적은 것을 자기 밑에 포괄하는 행위 등등이 출현하게 된다는 것도 전혀 필연적이지 않다. 더 나아가 또한 그 순서가 어떤 한 관찰자에 의해서 아마도 구별될 수 있을 여러 행위들이 하나의 유일한 행위로서 현상하지 않도록 그 모든 행위들이 순수하고 뒤섞이지 않은 채 출현하는 식인 것도 아니다. 예를 들어 지성(Intelligenz)의 최상의 행위는 자기 자신을 정립하는 행위이고, 따라서 필연적으로 이러한 행위가 시간에 따라 분명하게 의식되는 최초의 행위가 되는 것도 전혀 아니다. 그와 마찬가지로 그 행위가 언제나 순수하게 의식된다거나, 지성이 단적으로 **내가 있다**(*Ich bin*)는 것을 동시에 어떤 다른 것, 즉 **그 행위 자**

체가 존재하지 않는다는 것을 생각함이 없이 생각할 수 있다는 것 역시 필연적이지 않다.

그런데 여기에는 가능한 학문론의 소재 전체가 놓여 있기는 하지만, 그러나 이 학문 자체가 놓여 있는 것은 아니다. 이 학문을 성립시키는 데는 또 하나의 행위, 즉 저 행위들 모두에게 포함되어 있지 않은 인간 정신의 행위, 다시 말하자면 인간 정신의 행위양식 일반을 의식으로 고양시키는 행위가 속해 있다. 그 행위는 그 모두가 필연적일 뿐만 아니라 또한 그것들이 필연적인 것들 모두인 저 행위들에 포함되어 있지 않아야 하는 까닭에, 그것은 자유의 행위이어야만 한다. — 그러므로 학문론은 그것이 체계적인 학문이어야 하는 한에서, 바로 체계적이어야 하는 한에서의 가능한 모든 학문들과 마찬가지로 [72] 자유의 규정을 통해서 성립한다. 이 자유는 여기서 특별히 지성 일반의 행위양식을 의식으로 고양시키도록 규정되어 있다. 그리고 학문론이 다른 학문들로부터 구별되어 있는 것은 오로지 다른 학문들 자체의 대상이 자유로운 행위이지만, 학문론의 대상은 필연적인 행위들이라는 것을 통해서일 뿐이다.

이제 이러한 자유로운 행위를 통해 이미 그 자체에서

형식인 어떤 것, 즉 지성의 필연적인 행위가 내용으로서 새로운 형식 속으로, 즉 지식 또는 의식의 형식 속으로 받아들여지며, 그에 따라 저 행위는 반성의 행위이다. 저 필연적인 행위들은 그것들이 가령 그 자체에서 출현할 수 있을 계열로부터 분리되어, 모든 혼합으로부터 순수하게 내세워진다. 따라서 저 행위는 또한 추상의 행위이기도 하다. 추상하지 않고서 반성하는 것은 불가능하다.

지성 일반의 필연적인 행위양식이 그 속으로 받아들여져야 할 의식의 형식은 의심할 바 없이 그 자체가 의식의 필연적인 행위양식들에 속한다. 지성의 행위양식이 의식의 형식 속으로 받아들여지는 것은 의심할 바 없이 바로 그 속에 받아들여지는 모든 것과 마찬가지의 방식에서이다. 그러므로 다음과 같은 물음, 즉 가능한 학문론을 위해 이러한 형식은 어디로부터 나타나야 하는가의 물음에 대답하는 것은 그 자체에 아무런 어려움도 없을 것이다. 그러나 우리가 형식에 관한 물음으로부터 벗어난다 할지라도, 어려움 전체는 소재에 관한 물음에 속한다. ― 만약 지성의 필연적인 행위양식 그 자체가 의식의 형식 속으로 받아들여져야 한다면, 그 행위양식이 이미 그러한 것으로서 알려져 있어야만 하며, 따라서 그것은 이러한 형식 속

으로 이미 받아들여져 있어야만 할 것이다. 그리하여 우리
는 하나의 원환 속에 편입되어 있다 할 것이다.

이러한 행위양식 일반은 위에서 논의한 것에 따르자면
그것이 아닌 모든 것을 반성적으로 추상하는 것을 통해
분리되어야 한다. 이러한 추상은 자유를 통해 발생하며,
철학하는 판단력은 그 자유 속에서 맹목적인 강제에 의해
전혀 이끌리지 않는다. 그러므로 어려움 전체는 다음과 같
은 물음 속에 포함되어 있다. 저 분리에 있어 자유는 어떤
규칙들에 따라 처리해 나가는가? 철학자는 그가 무엇을
[73] 지성의 필연적인 행위방식들로서 받아들이고 무엇을
우연적인 것으로 제쳐두어야 하는지를 어떻게 아는가?

그는 이제 가령 그가 비로소 의식으로 고양시켜야 할
바로 그것이 이미 의식으로 고양되어 있지 않은 한에서는
그것을 단연코 알 수 없다. 그러한 것은 자기 모순적이다.
그러므로 이러한 과업을 위해서는 도대체가 아무런 규칙
도 존재하지 않으며, 아무런 규칙도 있을 수 없다. 인간
정신은 수없이 많은 시도를 한다. 요컨대 인간 정신은 맹
목적인 암중모색을 거쳐 여명으로 나아가며, 이 여명으로
부터 비로소 밝은 대낮으로 넘어가는 것이다. 그는 처음에
는 모호한 느낌(그것의 원천과 현실성을 학문론이 제시해

야 한다)을 통해14) 인도된다. 그러므로 우리가 오늘날에도 여전히 어떠한 분명한 개념도 갖고 있지 않으며, 나아가 우리가 나중에서야 비로소 분명하게 인식할 것을 모호하게 느끼기 시작하지 못했다고 한다면, 우리는 여전히 계속해서 땅을 빼앗긴 가련한 인생일 뿐이다. — 이 점은 도대체가 또한 철학의 역사를 통해서도 확증된다. 그리고 우리

---

14) 이로부터 철학자가, 다만 다른 양식으로이긴 하지만, 가령 시인이나 예술가에 못지 않은 정도로 올바른 것에 대한 모호한 느낌이나 천재를 필요로 한다는 것이 밝혀진다. 후자는 미-감을, 전자는 진리-감을 필요로 한다. 그와 같은 것들은 물론 존재한다. (제1판에 붙인 주해)
(어떻게 해서 그러한지 또 왜 그러한지를 내가 올바로 통찰하고 있지 못하지만) 이전의 한 존경할 만한 철학 저술가는 위에 놓여 있는 주해의 순수한 언급에 관해 조금은 흥분했다. "우리는 천재라는 공허한 말을 줄 타는 광대들, 프랑스의 요리사들 — 훌륭하고 명민한 정신의 소유자들, 예술가들 등등에게 넘겨줄 수 있을 것이고, 견고한 학문들을 위해서는 차라리 창안(創案, Erfinden)의 이론을 세우는 것이 나을 것이다." — 아마도 우리는 그렇게 해야 할 것이고, 그러한 일은 전적으로 학문 일반이 그와 같은 창안의 가능성으로까지 전진하게 되자마자 확실히 발생하게 될 것이다. 그러나 도대체 어떻게 해서 위의 언급이 그와 같은 의도와 모순된단 말인가? — 그리고 도대체 어떻게 그와 같은 창안의 이론 자체가 창안되게 될 것인가? 가령 창안의 이론을 창안하는 이론을 통해서? 그렇다면 이 이론은? (제2판에 붙인 주해)

는 이제 어째서 각각의 모든 인간 정신 속에 명백히 현존해 놓여 있고 또 그것이 분명히 제시될 때 각각의 모든 사람들이 확연히 붙잡을 수 있는 그와 같은 것이 이리저리 헤맨 이후에야 비로소 몇몇 소수의 사람들의 의식에 도달하게 되는지 그 본래적인 근거를 제시한 셈이다. 모든 철학은 내세워진 목표를 향해 왔으며, 또 모든 철학은 [74] 반성을 통해 지성의 필연적인 행위양식을 그것의 우연적인 조건들로부터 분리해 내고자 했다. 그리고 모든 철학은 그 필연적인 행위양식을 많든 적든 순수하게 그리고 많든 적든 완전하게 분리해 냈다. 그러나 전체적으로 보아 철학적 판단력은 훨씬 더 멀리 나아가 있으며 자기의 목표에 접근해 있다.

그러나 저 반성은 그것이 도대체가 시도될 것인가 아닌가 하는 한에서가 아니라— 왜냐하면 이러한 측면에서 그것은 자유롭기 때문에 — 그 반성이 **법칙들에 따라** 시도되는 한에서, 다시 말하자면 그 반성이 도대체가 발생한다는 것을 조건으로 하여 그것의 양식이 규정되어 있는 한에서 — 또한 지성의 필연적인 행위방식들에 속하는 까닭에 그 반성의 법칙들은 이러한 행위방식들 일반의 체계 속에서 출현해야만 한다. 그리고 물론 우리는 나중에서야, 즉 학문의 완성 이후에서야 비로소 우리가 그와 같은 법칙들을 충족시켰는지 아닌지를 통찰할 수 있다. 그러므로 우리는 최소한 나중에서야 비로소 그와 같은 체계로서의 우리의 학문적 체계의 올바름에 대한 명증한 증명이 가능하리라고 믿을 수 있을 것이다.

그러나 우리가 학문의 과정에서 학문론을 성립시켜 줄 수 있는 유일하게 가능한 것들로서 발견하는 반성법칙들은— 비록 그것들이 또한 우리가 우리의 방책의 규칙으로서 가설적으로 전제하는 법칙들과 일치할지라도 그것들 자체가 그것들을 먼저 적용한 결과이다. 따라서 여기서 새로운 순환이 발견된다. 요컨대 우리는 일정한 반성법칙들을 전제하며, 이제 학문의 과정에서 똑같은 법칙들을 유일하게 올바른 것들로서 발견하는 것이다. 그러므로 — 우리가 우리의 전제에서 전적으로 옳았으며, 우리의 학문은 그 형식에 따라 올바른 것이다. 만약 우리가 다른 법칙들을 전제했더라면 우리는 의심할 바 없이 학문에서도 다른 법칙들을 유일하게 올바른 것들로서 발견하게 됐을 것이다. 이제 문제가 되는 것은 다만 그것들이 전제된 법칙들과 일치하게 됐을 것인가 아닌가 하는 것일 뿐이다. 만약 그것들이 전제된 법칙들과 일치하지 않게 되었다면 물론 전제된 법칙들이 잘못이거나 아니면 발견된 법칙들이 잘못이고, 또는 가장 그럴듯한 것이지만 그 둘 다 모두 잘못이라는 것이 확실했다 할 것이다. 그러므로 우리는 증명에 있어 나중에 가서 [75] 순환에서의 그와 같은 결함 있는 양식에로 추론해 갈 수 없다. 오히려 우리는 전제된 것과 발견된 것의 **일치**로부터 체계의 올바름을 추론하는 것이다. 그러나 이것은 단순한 개연성만을 근거지우는 한갓 부정적 증명일 뿐이다. 전제된 반성들과 발견된 반성들이 일치하지 **않는다면**, 체계는 확실히 잘못이다. 그것들이 일치한다면 체계는 올바를 **수 있다**. 그러나 그것이 필연적으로 올바른 것일 **수밖에 없는** 것은 아니다. 왜냐하면 만약 인간의 지식 속에 오로지 하나의 체계만이 존재한다면 **올바른 추론**에서 그와 같은 일치가 오로지 **하나의** 양식으로 발견될 수 있다고 하겠지만, 그럼에도 불구하고 언제나 그 일치가 우연히 일치를 야기하는 둘 또는 그 이상의 **올바르지 않은 추론들**에 의해 산출되는 경우가 가능한 것으로 남아 있기 때문이다. — 그것은 내가 나눗셈의 검산을 곱셈을 통해 행하는 것과 마찬가지다. 내가 곱으로서 미리 요구된 크기가 아니라 어떤 다른 크기를 얻는다면 나는 확실히 어디에선가 잘못 계산했던 셈이다. 내가 요구된 크기를 얻는다면 내가 올바르게 계산했다는 것이 개연적이지만, 그러나 다만 개연적일 뿐이다. 왜냐하면 내가 나눗셈과 곱셈에서 똑같은 잘못을 범하여 가령 두 경우에서 5 × 9 = 36이라고 말할 수 있었겠기 때문이다. 따라서 일치는 아무것도 증명하지 못한다. — 학문론의 경우도 마찬가지다. 요컨대 학문론은 단지 규칙일 뿐만 아니라 동시에 계산이기도 한 것이다. 우리가 산출한 곱의 올바름을 의심하는 자는 바로 우리가 하나의 인수를 그것이 다른 단위들을 가지는 그만큼 여러 번 놓아야만 한다는 영원히 타당한 법칙에 대해서는 전혀 의심하지 않는다. 그 법칙은 아마 그의 심중에도 우리에게서와 마찬가지로 놓여 있어서, 그는 다만 우리가 그것을 현실적으로 준수했는가 하는데 대해서만 의심하는 것이다.

따라서 체계의 올바름의 부정적 조건인 체계의 최상의 통일에서조차, 결코 엄밀하게 증명될 수 없지만 다만 개연적인 것으로만 가정될 수 있는 어떤 것, 즉 이러한 통일 자체가 우연히 올바르지 않은 추론을 통해 성립되어 있는 것이 아니라는 점은 여전히 계속해서 남아 있는 것이다. 우리는 이러한 개연성을 높이기 위해서 더 많은 수단을 적용할 수 있다. 우리는 명제들의 계열을 만약 그 명제들이 우리의 기억에 더 이상 현재적으로 존재하지 않는다면 여러 차례 곰곰이 생각해 볼 수 있는 것이다. 또한 우리는 [76] 거꾸로 된 길을 취해 결과로부터 근거명제로 되돌아 갈 수도 있다. 다시 말하면 우리는 그에 대한 반성 자체에 관해 다시금 반성할 수 있는 것이다 등등. 개연성은 점점 더 커진다. 그러나 결코 단순한 개연성이었던 것이 확실성으로 되지는 않는다. 여기서 만약 우리가 성실하게 탐구했으며15) 우리가 발견하고자 했던 결과를 먼저 정립하지 않

---

15) 철학자는 단지 진리에 대한 감(感)뿐만 아니라 또한 진리에 대한 사랑도 필요로 한다. 내가 말하는 것은 철학자가 그 스스로 아마도 잘 의식하고 있지만 그러나 가령 그의 동시대인들 가운데 어느 누구도 그것들을 발견하지 못할 것이라고 믿고 있는 그러한 궤변들을 통해서 이미 전제된 결과들을 주장하고자 해서는 안 된다고 하는 것이 아니다. 그 경우에는 그 스스로가 자신이 진리를 사랑하지 않는다는 것을 알고 있다. 하지만 이에 관해서는 모두가 자기 자신의 심판자이며, 어떤 사람도 고발이 전적으로 공개되어 있지 않은 곳에서는 이러한 불순함에 대해 다른 사람을 징벌할 권리를 지니고 있지 않다. 그러나 어떤 탐구자의 경우에도 인간 정신에 대한 탐구자의 경우보다도 더 많이 그에 내맡겨져 있지 않다고 할 본의 아닌 궤변에 대해 그는 조심해야만 한다. 그는 진리가 어떻게 나타나게 되든지 간에 오로지 진리만을 탐구한다는 것을, 그리고 어디에도 진리가 존재하지 않는다고 하는 진리 자체가 그것이 다만 진리일 뿐이라고 한다면 그에게 바람직하리라는 것을 다만 모호하게 느껴서는 안 되고 그것을

았다는 것을 다만 의식하고 있다고만 한다면, 우리는 이러한 개연성에 아마도 만족할 수 있을 것이고, 우리 체계의 신뢰성에 대해 의심하는 모든 사람들에 대해서 **우리에게 우리의 추론들에서의 잘못들을 제시하라고** 요구할 수 있을 것이다. 그러나 우리는 결코 무오류성을 요구해서는 안 된다. — 학문론이 서술해야 할 인간 정신의 체계는 절대적으로 확실하며 오류가 없다. 그 체계 속에 근거지어져 있는 모든 것은 단적으로 참이다. 요컨대 그것은 결코 오

명확한 의식으로 그리고 자신의 최상의 좌우명으로 고양시켜야만 한다. 아무리 무미건조하고 억지처럼 보일지라도 어떠한 명제도 그에게 무관심해서는 안 되며 — 모든 명제들은 그에게 똑같이 신성해야만 한다. 왜냐하면 그 모두는 하나의 진리 체계에 속하기 때문이고 각각의 모든 것이 모든 것을 뒷받침하기 때문이다. 그는 결코 그로부터 무엇이 따라 나올 것인가 하고 물어서는 안 된다. 오히려 그는 무엇이 따라 나오든지 간에 자신의 길을 똑바로 계속 걸어가야만 한다. 그는 어떠한 수고도 기피해서는 안 된다. 그러나 그럼에도 불구하고 그는 아무리 힘들고 심오한 일일지라도 그에게 그 일의 무근거함이 제시되자마자 또는 그가 그 무근거함을 발견하자마자 그 일을 포기할 수 있는 능력을 지속적으로 갖추고 있어야만 한다. 그리고 만약 그가 도대체가 잘못 계산했다고 한다면 지금까지 모든 사상가들에게 공통의 운명이었던 것보다 무엇이 그에게 더 잘 들어맞을 것이며 또 그 이상의 것이 무엇이 있겠는가?

류를 범하지 않으며, 인간 영혼 속에서 필연적이었거나
[77] 필연적일 것은 모두 다 참이라는 것이다. 따라서 만
약 **인간들**이 오류를 범했다면, 그 잘못은 필연적인 것 속
에 놓여 있었던 것이 아니다. 오히려 반성하는 판단력이
자기의 자유 속에서 하나의 법칙을 다른 법칙과 혼동함으
로써 잘못을 범했던 것이다. 만약 우리의 학문론이 이 체
계에 대한 적절한 서술이라면, 학문론은 그 체계와 마찬가
지로 단적으로 확실하며 오류가 없다. 그러나 물음은 바로
과연 우리의 서술이 적절한지 어떤지, 그리고 그렇다면 어
느 정도로 그러한지에 대한 것이다.16) 그리고 그에 관해

---

16) 사람들은 이러한 언급의 겸손함을 저자의 나중의 커다란 — 불손
함에 대립시켜 왔다. 물론 저자는 자신이 어떤 종류의 초안들과
이 초안들에 대한 어떤 강의들에 관계하게 될 것인지를 미리 알
수 없었고, 그 이후 알게 된 것에 비해 훨씬 더 적은 철학저술가
들을 알고 있을 뿐이었다. 그렇지 않았더라면 저자는 현실적으
로 나타난 것과 같은 경우들에 대한 자신의 행동을 빠뜨리지 않
고서 미리 말했을 것이다. 어쨌든 위의 언급은 저자의 나중의 태
도와 모순되는 것은 아무것도 포함하고 있지 않다. 저자는 위에
서 자신의 **추론들**에 대한 이의제기들에 대해서 말하고 있다. 그
러나 지금까지 적대자들도 여전히 그리 멀리 도달해 있지 않다.
그들은 여전히 근거명제에 관하여, 다시 말하자면 저자가 철학
에게 준 견해 전체에 관하여 다투고 있다. 그리고 그에 관해서는
저자의 그 당시와 현재의 가장 내밀한 확신에 따르자면 만약 사

서 우리는 결코 엄밀한 증명이 아니라 오로지 개연성만을 근거지을 뿐인 증명을 수행할 수 있다. 우리의 서술은 오로지 그것이 적절하다는 조건하에서만, 그리고 오로지 그런 한에서만 진리를 갖는다. 우리는 인간 정신의 입법자가

람들이 다만 그 이야기가 무엇에 관한 것인지를 알기만 한다면 전혀 어떠한 다툼도 발생하지 않을 것이다. 그리고 저자는 사실상 그와 같은 싸움을 예상하지 못했다. 저자가 말하고 있는 이의제기들은 최소한 근본성의 모습을, 즉 그것들이 현실적으로 무언가를 **증명**하고 **증시**한다는 모습을 제공하는 것들이다. 그리고 그와 같은 이의제기들은 저자가 생각하기에는 저자의 소위 불손함이 적절했어야 할 그와 같은 사람들로부터 나온 것들이 아니다. — 여기에 저자가 그 당시에는 그 필연성을 전제하지 않았던 설명이 있다. 필요한 예비인식들을 획득하지 못했고 또 필요한 예비연습들을 실행하지 못한 가운데 그것을 처음 제기한 사람들이 행했을 뿐만 아니라 우리가 곧바로 그들이 그것이 무엇에 대한 이야기인지를 알지 못하고 있다고 듣고 있는 험담, 즉 시끄럽게 짖어대고 증오의 말을 쏟아 붓는 어조로 내세운 험담은 그것이 학문들의 전진을 위해 확신과 열정으로부터 출현할 수 없는 까닭에 그에 어울리지 않는 다른 동인들(질투, 복수심, 명예욕, 명망욕 등등)로부터 나타났음에 틀림없다. — 그와 같은 험담은 최소한의 관용도 받을만하지 않으며, 그에 대한 항변은 도대체가 **학문적인** 다툼의 규칙에 속하지 않는다.

이러한 해설자들은 어째서 이러한 언급들이나 그와 비슷한 언급들로부터 오히려 다음과 같은 — 성립할 수 있는 유일한 — **결론**을, 즉 그들의 마음에 들지 않는 어조가 오로지 그들 자신의 어조로부터 발생했다는 결론을 내리지 않는 것일까?

아니라 그것의 역사편찬자일 뿐이다. 물론 우리는 신문기자가 아니라 실용적인(pragmatische) 역사서술가이다.

여기에는 또한 하나의 체계가 현실적으로 그 전체에 있어 올바를 수 있으면서도 그것의 개별적인 부분들이 완전한 명증성을 가지지 않는다고 하는 상황이 덧붙여진다. [78] 이곳저곳에서 올바르지 않게 추론될 수 있으며, 중간명제들을 건너뛸 수도 있고, 또 증명될 수 있는 명제들이 증명 없이 내세워지거나 올바르지 않게 증명될 수도 있는데, 그럼에도 불구하고 가장 중요한 결과들은 올바르다. 이러한 것은 불가능한 것처럼 보인다. 요컨대 직선으로부터의 머리털처럼 자그마한 편차가 필연적으로 무한히 커지는 편차로 나아가지 않을 수 없는 것처럼 보이는 것이다. 그리고 물론 인간이 그가 아는 모든 것을 명료한 사유를 통하여 성립시켜야만 한다면, 그리고 오히려 그의 의식 없이 이성의 근본단초가 그를 지배하지 않고, **형식적으로**나 논리적으로 올바른 이치추론의 직선궤도로부터의 새로운 일탈을 통하여 그를 그가 올바르지 않은 중간명제들로부터 올바른 추론을 통하여 결코 다시는 도달할 수 없을 **내용적으로** 유일하게 참된 결과로 다시금 되돌려야 한다면 형편은 그러할 것이다. 그리고 만약 종종 느낌이 이치

추론의 직선궤도로부터의 새로운 일탈을 불러일으킴으로써 오랜 일탈을 바로잡지 않는다면, 그리고 그를 그가 올바른 추론을 통하여 결코 다시는 되돌아올 수 없을 곳으로 다시금 되돌리지 않는다면 형편은 그러할 것이다.

그러므로 비록 일반적으로 타당한 학문론이 내세워져야 한다 할지라도 철학하는 판단력은 여전히 계속해서 이러한 영역에서조차 자신의 점진적인 완성을 꾀해야 할 것이며, — 여전히 계속해서 빈틈을 메우고 증명을 날카롭게 하며 규정들을 상세하게 규정해야 할 것이다.

또한 나는 두 가지 주해를 덧붙여야 할 것이다.

학문론은 반성과 추상의 규칙들을 [79] 잘 알려져 있고 타당한 것으로서 전제한다. 학문론은 필연적으로 이렇게 하지 않을 수 없으며, 그것을 부끄러워하거나 그로부터 비밀을 만들거나 그것을 숨기고자 해서는 안 된다. 학문론은 다른 모든 학문과 마찬가지로 스스로를 표현하며 결론들을 이끌어낼 수 있다. 그리고 학문론은 모든 논리적 규칙들을 전제할 수 있으며 그것이 사용하는 모든 개념들을 적용할 수 있다. 그러나 이러한 전제들은 오로지 스스로를 이해될 만한 것으로 만들기 위해서만 발생한다. 그러므로 그것들로부터 최소한의 귀결도 이끌어내서는 안 된다. 증명될 수 있는 모든 것이 증명되어야만 하며, — 저 최초이자 최상의 근거명제 이외에 모든 명제들이 도출되어야만 한다. 그리하여 예를 들면 대립(모든 분석을 근거지우는 모순)의 논리적 명제이든 근거(세 번째 명제 속에서 동등하지 않을 어떤 것도 대립되어 있지 않으며, 모든 종합을 근거지우는 세 번째 명제에서 대립되어 있지 않을 어떤 것도 동등하지 않다)의 논리적 명제이든 절대적으로 최초의 근거명제로부터 이끌려내어 있지 않지만, 그러나 아마도 그에 기반하고 있는 두 근거명제들로부터 이끌려내어져 있다. 물론 후자의 두 명제 역시 근거명제들이지만, 그러나 절대적인 근거명제는 아니다. 요컨대 그것들 가운데 오로지 어떤 것만이 절대적인 것이다. 따라서 이 명제들 및 그들에 기반하고 있는 논리적 명제들은 물론 증명되어야만 하는 것이 아니라, 도출되어야만 한다. — 나는 좀더 분명히 하고자 한다. — 학문론이 내세우는 것은 사유되고 말로 파악된 명제이다. 요컨대 인간 정신 속에서 이 명제가 그에 상응하는 그것은 그 자체에서 필연적으로 **사유**되어야만 하는 것은 아닌 그러한 인간 정신의 무언가 하나의 행위이다. 이러한 행위에는 그것이 없으면 행위**로서**의 그러한 행위가 불가능할 그와 같은 것 이외에 아무것도 전제되어서는 안 된다. 그리고 그것은 암묵적으로 전제되지 않는다. 오히려 그것을 분명히 규정적으로 그리고 그것이 없으면 행위가 불가능해질 그와 같은 것으로서 내세우는 것이 학문론의 과업이다. 예를 들어 행위 D가 계열 속에서 네 번째 행위로서 있다면, 그것에는 행위 C가 선행해야만 하며 그것의 가능성의(행위 D의 가능성의) 배타적인 조건으로서 입증되어야만 한다. 그리고 이에는 또다시 행위 B가 선행해야만 한다. 그러나 행위 A는 단적으로 가능하며, 그것은 전적으로 무제약적이다. 따라서 그에는 도대체가 아무것도 전제될 수 없고 또 전제되어서는 안 된다. — [80] 그러나 행위 A의 **사유**는 훨씬 더 많은 것을 전제하는 전혀 다른 행위이다. 만약 이러한 사유가 내세워져야 할 행위들의 계열에서 D라고 한다면, 이 사유를 위해 A, B, C가 전제되어야만 하며, 더 나아가 저 사유가 학문론의 첫 번째 과업이어야 하는 까닭에 암묵적으로 전제되어야만 한다는 것은 명백하다. 명제 D에 이르러서야 비로소 첫 번째 명제의 전제들이 입증되게 될 것이다. 그러나 그 경우 또다시 더 많은 것이 전제되어 있을 것이다. 따라서 학문의 형식은 학문의 소재에 비해 지속적으로 앞서 나아간다. 그리고 그것이야말로 위에서 제시되었듯이 왜

학문 그 자체가 오로지 개연성만을 지니는가 하는 근거이다. 서술되는 것과 서술은 두 가지 서로 다른 계열 속에 존재한다. 첫 번째 계열에서는 입증되지 않은 것은 아무것도 전제되지 않는다. 두 번째 것의 가능성을 위해서는 나중에야 비로소 입증될 수 있는 것이 필연적으로 전제되어야만 한다.

학문론 전체에서 그것이 학문인 한에서 지배하는 반성은 하나의 **표상작용**(*ein Vorstellen*)이다. 그러나 그로부터 그에 관해 반성되는 모든 것 역시 단지 하나의 표상작용으로 되리라는 것이 따라 나오는 것은 전혀 아니다. 학문론에서 자아는 **표상된다**. 그러나 그 자아가 단순히 표상하는 자로서 표상된다는 것이 따라 나오지는 않는다. 아마도 또 다른 규정들이 발견될 수 있는 것이다. 철학하는 **주체**로서의 자아는 논쟁의 여지없이 오로지 표상하고 있을 뿐이다. 그러나 철학함의 **객체**로서의 자아는 아마도 그 이상의 어떤 것일 수 있을 것이다. 표상작용은 철학자 그 자신의 최상이자 절대적으로 최초의 행위이다. 그러나 인간 정신의 절대적으로 최초의 행위는 아마도 다른 행위일 수 있을 것이다. 형편이 그렇게 되리라는 것이 개연적인 것은 모든 경험에 앞서 이미 표상이 완전하게 남김없이 파헤쳐질 수 있고 그에 대한 취급이 철저히 필연적이기 때문이다. 따라서 그와 같은 취급은 자기의 필연성의 최종적인 근거를, 즉 최종적인 근거로서 그보다 더 고차적인 근거를 지닐 수 없는 그러한 근거를 지녀야만 한다. 이러한 전제 하에서 표상의 개념 위에 세워져 있는 학문은 물론 학문에 대한 최상의 유용한 예비학(Propädeutik)일 수 있지만, 그러나 그것이 학문론 자체일 수는 없을 것이다. — 그러나 그러한 만큼 [81] 위에서 진술된 것으로부터 확실히 따라 나오는 것은 학문론이 남김없이 파헤쳐야 할 지성의 전체 행위양식들은 오로지 표상의 형식에 있어서만 — 오로지 그것들이 표상되는 한에서만 그리고 그러한 만큼만 — 의식에 도달하게 된다는 점이다.[17]

---

17) 제1판에서는 여기에 '제3편'으로서 "학문론의 가설적 구분"이 뒤따르고 있었는데, 그것은 그 사이에 출판된 체계 자체로 인해 불필요하게 되며 이미 제2판에서 삭제된다.

피히테의 학문론 개념과 철학의 체계이념

이 신 철

1. 들어가는 말: 철학의 체계이념의 문제

피히테, 셸링, 헤겔로 이어지는 독일 관념론의 전개는 칸트의 선험론철학(Transzendental-Philosophie)의 문제제기를 발판으로 하여 칸트의 이성비판을 체계로 확대할 것을 목표로 하는 철학체계 구상들의 연속으로 이루어져 있다. 그런데 이 과정과 특별히 헤겔의 절대적인 객관적 관념론으로 귀착된 그 과정의 최종적 결과는 우리에게 일정한 당혹감을 안겨주지 않을 수 없다. 왜냐하면 그 과정의 출발점을 이루는 칸트의 이성비판은 분명히 인간의 이성인식에 한계를 설정함으로써 우리의 이성에게 겸손함을 요구하고 있기 때문이다. 칸트의 이성비판의 요구에 비추어볼 때 헤겔을 비롯한 독일 관념론자들의 체계에서 드러나는 철학적 요구, 즉 최종적으로 근거지어지는 하나의 철학체계를 통한 절대자의 인식이라고 하는 것은 그와 같은 이성의 겸손함으로부터의 철저한 일탈일 것이다. 그러한 측면에서 본다면 절대자에 대한 체계적 인식의 요구라고 하는 것은 인간의 자기오해와 오만함이 빚어낸, 요컨대 그 불합리함이 극도에 달한 망상의 산물이라고 평가하는 것마저도 그리 지나치지 않은 것으로 여겨질 수 있을 것이다.

더 나아가 특히 20세기 이후의 회의주의적이고 해체론적인 현대의 정신적 풍토에서 거의 시대적 확신으로까지 되어 버린 태도, 즉 세계란 이성적 전체와는 전혀 다른 것이라고 확신하는 태도는 하나의 철학체계 이념, 곧 절대적 인식의 이념을 시대착오이자 "정신착란으로까지 치달은 어리석음"[1]으로 치부해 버릴 정도이다. 또한 그 정도까지는 아니더라도 "모종의 자비로운 자선의 내면"[2]을 지닌

---

1) G. W. F. Hegel, Gesammelte Werke, Bd. 20: *Enzyklopädie der philosophishen Wissenschaften im Grundrisse*(1830), hrsg. von Wolfgang Bonsiepen und Hans-Christian Lucas, 1992, 24쪽.

사람들에게조차 체계이념이란, 아무리 좋게 보아도 창조적인 사유방식으로서는 이미 과거에 속하는 한갓 역사학적인 관심의 대상일 뿐이어서, 그것과 논쟁적으로 대결하는 가운데 그것에 현재적인 의의를 부여하는 것이 의미 없을 뿐만 아니라, 더군다나 스스로를 그것에 동일화시키는 것은 전혀 정당화될 수 없는 것으로 여겨지는 것이다.

사실 전통적인 철학의 거의 모든 노선들이 전적으로 의문시되어 버린 이 시대에 다른 것도 아닌 바로 최종적인 토대 위에 정립되는 완결된 하나의 철학체계의 이념은 그저 그것을 언급하는 것만으로도 지극히 불손하고 기만적인 것으로 보이지 않을 수 없는 그런 철학 이념일 것이다. 하물며 여전히 그러한 철학의 형식을 개진, 옹호하고자 하는 자는 시대의 징표를 파악하지 못하는 아둔한 사람으로 여겨질 수밖에 없을 것이다. 하기야 우리 시대의 포기할 수 없는 성취인 것이지만, 서로 다른 문화, 서로 다른 삶

---

2) J. G. Fichte, 『학문론 또는 이른바 철학의 개념에 관하여』(*Über den Begriff der Wissenschaftslehre oder der sogennanten Philosophie*), 1794, in Fichtes Werke, Hrsg. von I. H. Fichte, Berlin: Walter de Gruyter, Bd. 1. 34쪽. 이 글의 본래적 관심대상인 이 저작은 이하에서 ÜBW로 줄여 본문 속에서 인용문 뒤에 표기한다.

의 양식들이 만나 형성하는 현실의 다양성, 다원성은 절대적인 하나의 철학체계와 같은 것을 독단적일 뿐만 아니라, 단적으로 위험하다 하지 않을 수 없는 전체주의적 사유경향의 것으로 깨닫게 해준다. 나아가 잘 알려져 있는 것처럼, 현대 수학과 물리학의 발전은 우리들로 하여금 인간 사유의 체계적 성취들에 불확정성과 상대성, 그리고 불완전성과 한갓 가언적인 타당성만을 인정하지 않을 수 없도록 하고 있다.3) 가령 체계에 대한 최종 근거지우기의 모든 시도가 뮌히하우젠-트릴레마(Münchhausen-Trilemma), 즉 무한퇴행(regressus ad infinitum)과 순환논리(circulus vitiosus), 그리고 결단에 의한 근거지우기 절차의 단절(Abbruch des Begründungsverfahrens durch eine Entscheidung)에 빠져든다는 것은 이제 우리 모두의 은밀한 확신으로 되어 있다고 할 수 있을 것이다.4)

---

3) 우리 시대의 상대주의적 확신의 모습 및 그 문화적 근거들과 학문 내적 이유들로 제시되는 것들에 대해서는 Vittorio Hösle, 「객관적 관념론의 근거지우기 물음들」(Begründungsfragen des objektiven Idealismus), erscheint in: *Philosophie und Begründung*, hg. von W. Köhler, W. Kuhlmann und P. Rohs, Frankfurt, 1987, 212-219쪽을 참조하시오.

4) K. O. 아펠의 최종 근거지우기 이념과 대결하는 가운데 확실한

그러나 그와 같은 상대주의에 대한 우리의 확신이 무엇

근거에 대한 추구가 불가능하거나 무의미할 뿐임을 보이기 위해 한스 알베르트가 제기한 뮌히하우젠-트릴레마는 다음과 같은 내용을 지니고 있다. 첫째로, 모든 근거지우기의 시도는 **무한퇴행**에 빠지지 않을 수 없다. 근거들을 찾기 위해서는 항상 계속해서 소급해 나가지 않을 수 없지만, 그러나 그것은 실제적으로 달성될 수 없으며, 따라서 어떠한 확실한 토대도 제공하지 못한다는 것이다. 둘째로, 모든 근거지우기의 시도는 **순환논리**에 빠지지 않을 수 없다. 왜냐하면 근거지우기 과정에서는 그보다 앞서 근거지우기가 필요하다고 여겨졌던 바로 그 진술로 돌아가지 않을 수 없기 때문인데, 결국 이것은 논리적으로 잘못일 뿐만 아니라 또한 어떠한 확실한 토대도 마련해 주지 못하는 것이다. 마지막으로 모든 근거지우기의 시도는 **독단적으로 절차를 단절**시키지 않을 수 없다는 것이다. 이것은 원리적으로 수행 가능한 것처럼 보이지만, 근거지우기를 위한 충족 원리를 독단적으로나 자의적으로 어떤 특정한 순간에서 유보하는 것이다. 그러므로 결국 뮌히하우젠-트릴레마가 말하는 것은 학문적 논의과정에서 최종적인 확실성의 토대를 찾으려는 모든 시도가 필연적으로 위의 세 가지, 즉 무한퇴행, 순환논리, 독단적인 절차단절 가운데 하나에 빠지지 않을 수 없는 까닭에 최종적인 근거지우기는 절대적으로 불가능하다는 것이다. 뮌히하우젠-트릴레마에서 뮌히하우젠이라는 명칭은 니체의 『선악의 피안』 제1장 「철학자들의 선입견」에서 뮌히하우젠 남작에 대한 전설적인 우화에서 유래한다. 이 우화에서 뮌히하우젠 남작은 어느 날 말을 타고 가다가 늪에 빠지게 되었는데, 그는 결국 자기가 타고 있는 말의 갈기를 잡아당겨서 빠져 나왔다고 한다. 김진, 『아펠과 철학의 변형』, 철학과현실사, 1998, 114-119쪽을 참조하시오.

을 의미하든 하나의 철학체계 이념이 시대의 확신 속에서 일반적으로 비판되고 있고 심지어는 거의 무시, 망각되고 있다 하더라도, 아니 바로 그렇다고 한다면, 우선은 한갓 철학사적 내지 철학사학적 관심에서나마 도대체 그 철학의 체계이념이 무엇이며 또 어떻게 가능한 것인지에 대해 체계이론적인 해명과 분석을 수행하는 것이야말로 그만큼 더 시급히 요구되는 과제라 할 것이다. 요컨대 철학의 체계이념 자체가 한갓 '죽은 개' 취급을 당할 수는 없다는 것인데, 왜냐하면 우리는 철학의 체계이념에 대한 체계이론적이고 방법적인 분석과 해명을 통해, 우리 시대의 철학적 의식에 비추어서도 그것이 나름의 탁월한 정합성과 고유한 설명가치를 지니고 있다는 것을 이해할 수 있기 때문이다. 다시 말하자면 우리는 철학의 체계이념이 현대적인 반성의 수준에서도 충분히 옹호 가능하며, 훌륭하게 재구성될 수 있다는 점을 보일 수 있는 것이다.[5]

더 나아가 철학의 체계이념은 그 나름의 설득력을 지니는 데 그치지 않는다. 직접적으로 명백한 사태이지만, 오

---

5) 예를 들어 플라톤과 헤겔적 유형의 객관적 관념론의 체계이념을 현대적 방법에 의거하여 근거지우려는 시도의 훌륭한 성취를 우리는 앞의 Hösle의 논문 245-259쪽에서 확인할 수 있다.

로지 하나의 증명 가능한 철학체계만이 존재할 수 있다는 독일 관념론자들의 공동의 확신은 만약 이성으로서의 이성이 오로지 하나이자 동일한 것으로서만 사유될 수 있다면 결코 무비판적이거나 독단적인 가정이 아니다. 사실 이러한 확신은 철학을 가능하게 할 수 있는 유일한 태도라 할 것이다. 왜냐하면 그와 같은 태도는 바로 서로 모순되는 체계구상들이 똑같이 참되거나 똑같은 자격의 근거를 지닐 수 있는 것은 아니라는 인식을 확고히 견지하는 것이기 때문이다. 오히려 그와 반대로 하나의 철학체계 이념에 반대하고 최종적 근거지우기의 시도에 의혹의 눈길을 돌림으로써 결국 자기의 주장들을 최종적으로 근거지우지 못하는 철학함들이야말로 충분히 자기 비판적이지 못할 뿐만 아니라 따라서 독단적이라 할 것이다.6)

그러나 하나의 철학체계만이 존재할 수 있다는 그와 같은 확신은 과연 실제로 증명 가능한 것인가? 그리고 그렇다고 한다면 그것은 도대체 어떻게 증명될 수 있는 것인가? 그와 같은 공동의 확신에도 불구하고 독일 관념론자

---

6) Adolf Schurr, 『피히테, 셸링 그리고 헤겔에서 체계로서의 철학』 (*Philosophie als System bei Fichte, Schelling und Hegel*), frommann-holzboog, 1974, 7쪽을 참조하시오.

들 역시 서로 너무도 다른 철학체계의 실현으로 나아간 것이 사실이라면, 그러한 결과 그 자체가 이미 하나의 철학체계 이념을 논박하고 있는 것이 아닌가? 더 나아가 대단히 복합적이고 방대하며 난해하고 모호할 뿐만 아니라 서로 상충되기까지 하는 독일 관념론의 체계이념의 실현들은 사실 '담론혐오증'과 '이성혐오증'(misology — 소크라테스)에 사로잡혀 있는 우리 시대의 확신으로부터 단적으로 거부되기 십상이 아닌가? 아니 사실을 말하자면 오히려 그 실현들이 보여주는 치밀하게 구성된 근거지우기 이론적인 전개의 구조와 너무도 세밀하게 분화된 내용들은 우리들로 하여금 그와 같은 체계들에 곧바로 무조건 굴복하게 하도록 유혹하고 있다고 할 것이지만, 그러나 우리가 무비판적인 지적인 자기방기 속에서 그와 같은 독일 관념론의 체계이념의 실현들에 대해 아무런 문제의식 없이 굴종하거나 아니면 그것들에 대해 비이성적인 단적인 거부의 태도를 취함으로써 그것들 속에 숨겨진 귀중한 것들을 찾아내지 못한 채 그저 지나치고자 하지 않는다면, 우리에게 남겨진 유일한 과제는 바로 그 체계이념의 사유 자체를 올바르게 이해하고 평가하는 일일 것이다. 그리고 그와 같은 이해와 평가를 위해 우리가 취할 수 있는 유일한 태도는 오로지 내재적 비판의 방법을 가지고 체계이념에 접근하는 것, 즉 체계이념의 역사적 전제와 그 방법적 근거를 우리 시대의 철학적 반성의 언어를 가지고 비판적으로 분석해 보는 것일 것이다. 그리고 우리는 그 분석의 결과로 아마도 예기치 못한 성과, 즉 철학의 체계이념이 독단적이거나 한갓 망상의 산물인 것이 아니라 이성의 내적인 필연성을 지닌 요구라는 것을 이해하는 데 도달할 수 있을 것이다.

여기서 우리는 위와 같은 관점과 접근방식에 따라 독일 관념론에서 전개된 철학의 체계이념의 사유를 이해하기 위해 학문론에 관한 피히테의 최초의 저술인 『학문론 또는 이른바 철학의 개념에 관하여』(ÜBW)[7]를 체계에 대한

---

7) 물론 이 저작이 일반적으로 독일 관념론의 근본저작으로 이해되고 있는 것은 아니다. 가령 R. 크로너는 그의 고전적인 저작인 『칸트에서 헤겔까지』(*Von Kant bis Hegel*, J. C. B. Paul Siebeck, 1921)에서 1794년의 『전체 학문론의 기초』(J. G. Fichte, *Grundlage der gesammten Wissenschaftslehre*, 1794/5, in Fichtes Werke, Hrsg. von I. H. Fichte, Berlin: Walter de Gruyter, Bd. 1, 83-328쪽, 이하에서 이 저작은 GdgW로 줄여 표시함)를 대단히 상세하게 다루면서도, 『학문론 또는 이른바 철학의 개념에 관하여』에 대해서는 그저 그 제목만 언급하는 데 그치고 있다. 오히려 독일 관념론의 역사를 다루는 저작들에서 일반적으로 나

근거지우기의 관심에 따라 분석, 체계이념에 대한 정초를 시도하고자 한다. 당연히 그래야 할 것이지만 이 저술에 대한 이러한 방법적인 접근과 분석의 의미는 그 저술 자체에 대한 이해에 머무르지 않는다. 왜냐하면 우리는 이 저술에 대한 접근을 통해 독일 관념론의 체계이념이 지닌 역사적 전제를 해명함으로써 또한 그 체계이념 자체에 대한 이해마저도 도모할 수 있기 때문이다. 형편이 그러한 까닭은 이『학문론 또는 이른바 철학의 개념에 관하여』가 특별히 "독일 관념론 전체의 강령저술"[8]로서 평가될 뿐만 아니라, 그것이 지닌 "근본사상이 셸링과 헤겔에 의하여

_____

타나는 모습은 그 저작의 존재마저도 전혀 거론되고 있지 않다는 것이다. 그에 반해 본고는 Vittorio Hösle,『헤겔의 체계 — 주관성의 관념론과 상호주관성의 문제』(*Hegels System — Der Idealismus der Subjektivität und das Problem der Intersubjektivität*, Hamburg: Meiner, 1988)의 제2장인 "헤겔의 체계이념과 그 역사학적 선구자들"을 집중적으로 참조하는 가운데『학문론 또는 이른바 철학의 개념에 관하여』가 독일 관념론의 체계이념의 전개에 있어 근본적인 의미를 지니고 있으며 또 체계이념에 관련된 여러 문제들을 응집력 있게 보여줌으로써 그 이념 자체에 대한 이해에 통로를 열어주고 있다는 것을 그에 대한 내재적이고 비판적인 분석을 통하여 보이고자 한다.

8) V. Hösle,『헤겔의 체계』, 10쪽을 참조하시오.

부정되지 않으며 오히려 다만 구체화될 뿐"이기도 하기 때문이다.9)

---

9) 같은 책, 23쪽을 참조하시오.

2. 철학의 과제와 학문론 일반의 개념의 전개

피히테는 칸트의 선험론철학을 수미일관하게 형성함으로써 철학을 단적으로 명증적인 학문의 반열에 올라서게 하고자 시도하고 있다.10) 그러나 피히테는 또한 칸트의

---

10) 피히테는 자신과 칸트의 관계에 관해 다음과 같이 언급하고 있다. "저자는 인간의 오성이, 칸트가 특별히 그의 판단력 비판에서 거기에 서 있었지만 우리에게 결코 명확히 규정해 주지는 않았고 또 유한한 지식의 궁극적인 한계로서 제시했었던 바로 그 한계보다 더 멀리 나아갈 수 없을 것이라고 지금까지 마음속 깊이 확신해 왔다. 저자는 칸트가 직접적으로든지 간접적으로든지, 명확하게든지 모호하게든지 암시하지 않았던 것을 결코 말할 수

사상을 자신의 독자적인 방법을 통해 자기가 학문론이라
고 부른 자기 자신의 체계로 발전시킴으로써 칸트를 넘어
서고자 한다. 이 점은 그가 칸트와는 달리 무제약적으로
타당하고 엄밀하게 보편적이며, 의심할 여지없이 명석한
원리들에 도달하는 것이 가능하다는 견해를 견지하고 있
는 데서 단적으로 드러난다. 이와 같은 피히테의 근거지우
기 이론적인 통찰은 한갓 가언적이 아니라 무제약적으로
확실한 유일한 원리, 즉 그것을 추상하고자 하는 경우에도

없으리라는 점을 알고 있다."(ÜBW, 30쪽) 덧붙여 1797년의 『학
문론 제1서론』에서의 칸트에 대한 피히테의 다음과 같은 언급
도 참조할 수 있을 것이다. "나는 나의 체계가 칸트의 체계와 다
르지 않다는 점을 예전부터 말해 왔고 여기에서도 그 점을 다시
말하고자 한다. 다시 말하자면 나의 체계는 사태에 관한 동일한
견해를 담고 있지만 그 방법에서는 칸트의 서술로부터 전적으로
독립적이다." J. G. Fichte, *Erste Einleitung in die Wissen-
schaftslehre*, 1794, in Fichtes Werke, Hrsg. von I. H. Fichte,
Berlin: Walter de Gruyter, Bd. 1, 420쪽을 참조. 이 점은 철학에
대한 칸트와 피히테의 요구가 내용적으로 동일한 데서도 확인될
수 있다. 칸트는 철학이 "한갓된 갈팡질팡이 아니어야" 한다면
"학문의 안전한 길"을 걸어가야만 할 것을 요구한다(『순수이성
비판』, B Ⅶ를 참조) 피히테는 "학문론에서의 철학함에 관
해"(ÜBW, 32쪽) 반성하는 가운데 철학이 "명증적인 학문의 반
열에로"(ÜBW, 29쪽) 고양될 수 있게끔 해주는 결정적인 관점들
을 추구하고 있다.

필연적으로 그것을 전제할 수밖에 없고, 따라서 도대체가 추상될 수 없는 까닭에 자기를 스스로 근거짓는다고 할 수 있는 원리의 구상에 놓여 있다.11) 잘 알려져 있는 것처럼 피히테가 여기서 더 이상 추상될 수 없는 까닭에 단적으로 순수하게 사유되지 않을 수 없는 "우리 지식의 유일한 절대적 토대"(GdgW, 107쪽)로 간주하고 있는 것은 자기 자신을 정립하는 자아,12) 즉 주관적으로 파악된 이성

---

11) 잘 알려져 있는 것처럼 『전체 학문론의 기초』는 단적으로 무제약적인 첫 번째 근거명제에 대한 요구로부터 시작하고 있다. "우리는 모든 인간적 지식의 단적으로 무제약적이며 절대적인 첫 번째 근거명제를 발견해야만 한다."(91쪽) 그리하여 『전체 학문론의 기초』는 또한 방법적인 측면에서도 "전체 학문론의 근거로 삼고자 하는 것"을 찾기 위해 "그 자체 단적으로 사유되지 않을 수 없고 따라서 그 가운데 어떤 것도 더 이상 추상될 수 없는 그러한 것이 순수하게 남겨지기까지" 가능한 한에서 우연한 의식내용으로부터 경험적 규정들을 추상하고자 한다(92쪽 참조).

12) GdgW, 97쪽을 참조하시오. "우리는 자기 자신을 의식하는 것으로서의 자아를 덧붙여 생각하지 않고는 전혀 아무것도 생각할 수가 없다. 우리는 우리의 자기의식을 결코 추상할 수가 없는 것이다." 여기서 추상될 수 있는가 없는가 하는 것은 바로 자아와 비아가 서로 구분되는 본질적인 종차를 이루는데, 우리는 1794년 『전체 학문론의 기초』의 제2부인 "이론적 지식의 토대"의 마지막 부분인 244쪽에서 다음과 같은 언급을 확인할 수 있다. "그러나 이제 자아는 절대적 추상능력에 의해 모든 객체가 지양

이다.

그러나 피히테의 철학이 칸트를 넘어서고 있는 모습을 보이는 것은 이와 같이 — 본래 칸트에 의해서 "나는 생각한다"의 형태로 암시되었으나 근거명제로서는 세워지지 않았던 — 자기 자신을 정립하는 자아를 통해 최종적인 절대적 출발원리를 구상한 데서 그치지 않는다. 피히테는 그것을 체계의 출발원리로 삼음으로써 그로부터 세계의 근본구조들, 즉 세계의 원리들을 연역할 수 있다고 주장한다. 요컨대 피히테는 이미 『학문론의 개념에 관하여』에서 철학을 최고의 학문으로서, 그것도 더 나아가 개별학문들에 의해서 전제된 근거명제들의 학문으로서 도입하고자 시도하는 것이다. 다시 말하자면 『학문론의 개념에 관하여』는 원리들, 즉 근거명제들을 체계적으로 전개하는 학문으로서의 철학의 이념을 개별학문들이 보여주는 원칙적인 문제로부터 내재적으로 끌어내려고 시도하는 것이다.

일반적으로 여러 명제가 연관된 질서 속에 모여 있는 하나의 학문 안에 최상의 근거명제가 존재한다는 사실, 그

된 이후에 남아 있는 것으로서 규정된다. 그리고 비아는 그 절대적 추상능력에 의해 추상될 수 있는 것으로서 규정된다. 따라서 우리는 이제 객체와 주체 간의 확고한 구분점을 가진다."

리고 그 근거명제가 비록 다른 학문의 명제들로부터 연역될 수 있다 하더라도 그 자신이 속한 학문 안에서는 그 스스로가 근거명제인 한에서 더 이상 근거지어질 수 없다는 사실은 자명하다. 그 경우 문제의 근거명제가 속하는 학문은 그보다 더 근본적인 다른 학문에 의존하는 바, 더 이상 어떠한 다른 학문에도 의존하지 않고 따라서 절대적으로 독립적인 학문의 경우에는 그 학문의 근거명제들을 절대적으로 스스로 근거지어야 하는 것이다. 이것이 피히테가 이해하고 있는 바 "학문 일반의 학문"(ÜBW, 43쪽)으로서의 학문론의 경우이다.

물론 이러한 철학구상은 피히테에게만 특유한 것은 아니어서 철학사의 위대한 시기마다 어김없이 출현한 보편적인 구상이었다. 우선 그것은 헤겔의 절대이념의 논의와 논리학과 실재철학의 연관에서 볼 수 있는 것처럼 피히테로부터 헤겔에 이르는 독일 관념론자들 일반의 구상이었다. 그러나 또한 그것은 예를 들어 플라톤의 구상이기도 한데, 플라톤이 철학을 개별학문들의 원리들을 근거지우는 최상의 메타학문으로 최초로 그리고 매우 심오하게 이해한 철학자였다는 것은 거의 의심할 수 없을 것이다. 요컨대 플라톤은 그의 표현법대로 하자면 학문들의 휘포테세

이스(ὑποθέσεις, 근거지어진 것들)를 철학의 더 이상 뒤로 물러설 수 없는 근거명제들의 안휘포테톤(ἀνυπόθετον, 근거지어지지 않은 것)에로 환원시키고자 하는 것이다.[13]

그러나 중요한 것은 이러한 "학문 일반의 학문"의 구상, 즉 절대적 출발원리와 그로부터 개별학문들의 근거명제들에 대한 체계적 연역의 구상이 철학사적으로 얼마나 자주 출현했는가 하는 문제가 아니라 그것이 과연 어떻게 논리적이고 체계적으로 정당화될 수 있는가 하는 문제일 것이다. 여기서 필자는 먼저『학문론의 개념에 관하여』의 사상 전개를 요약, 서술하고, 다음 장에서 그것을 근거지우기와 체계의 문제를 중심으로 간결하게 검증하고자 한다.

(1) 철학 이념의 재규정과 학문론의 개념의 가설적 제기

피히테는 논의를 모두가 동의하고 있는 가장 안전한 출발점으로부터 시작한다. 철학은 하나의 학문이며, 이에 관

---

13) 우리는 플라톤의 이러한 학문의 이념을 가령『국가』의 509d-511e의 선분의 비유에 대한 논의와 '좋음(善)의 이데아'에 대한 논의에서 찾아볼 수 있다. 플라톤은 좋음의 이데아에서 인식과 존재의 더 이상 그 뒤로 물러설 수 없는 무전제적인 것을 발견했다고 믿고 있다.

해서는 모두가 일치하고 있다. 그러나 이 학문의 대상의 규정에서는 서로 나누어져 있다. 그러므로 우리는 철학이라는 학문의 개념이 전혀 전개되어 있지 않다고 할 수 있을 것이다. 그렇다면 철학의 대상은 무엇이며, 이와 관련하여 하나의 학문으로서의 철학의 개념은 어떻게 규정될 수 있는 것인가?(ÜBW, 38쪽)

물론 하나의 학문이 체계적인 형식을 가지며, 하나의 학문에서 모든 명제들이 하나의 유일한 근거명제에서 연관되어 있다는 것은 일반적으로 인정되고 있다. 그렇다면 그것으로 학문의 개념이 남김없이 다 드러나 있는 것인가?(ÜBW, 38쪽)[14]

---

14) 체계적인 형식에 대한 지적만으로 학문의 개념이 다 마무리되지 않는 것은 가령 누군가가 무근거하고 증명될 수 없는 명제, 예를 들어 인간적인 경향들, 정열들 및 개념들을 지니고 있지만 그러나 에테르적인 육체를 지니고 있는 피조물들이 공기 중에 존재한다는 명제 위에 이러한 공기의 정령들의 체계적인 자연사를 세우는 경우, 아무리 그 체계가 엄밀한 추론의 구조를 지니고 있고 또 그 체계의 개별적인 부분들이 서로 간에 아무리 내밀하게 연결되어 있다 하더라도 우리는 그 체계를 하나의 학문으로 인정할 수 없기 때문이다. 그것이 이렇게 학문으로 인정받을 수 없는 까닭은 그것의 모든 규범적 형식에도 불구하고 사람들이 알고 있고 알 수 있는 것을 아무것도 포함하고 있지 않기 때문이

그에 관해서 커다란 불일치가 존재하고 또 충분히 대답되고 있지 않은 이러한 물음들을 해결하기 위해서 피히테는 우선 학문의 개념을 명확히 하고자 한다. 무엇보다도 우선 분명한 것은 "하나의 학문은 하나, 즉 하나의 전체이어야 한다"는 점이다. 요컨대 주어진 하나의 학문, 예를 들어 기하학은 다수의 명제들로 이루어지지만, 그럼에도 불구하고 우리는 하나의 학문, 즉 기하학에 대해 말하는 것이다. 그리하여 다음과 같은 문제가 제기된다. 우리는 어떠한 권리로 하나의 학문에 대해 말할 수 있는 것인가? 다시 말하자면 "그 자체에서 극도로 상이한 일군의 명제들이 하나의 학문으로, 즉 하나이자 전적으로 동일한 전체로 되는 것은 어떻게 그리고 무엇을 통해서인가?"(ÜBW, 40쪽)

그렇게 되는 것은 의심할 바 없이 개별적 명제들 일반이 비로소 전체 속에서, 즉 전체 속에서의 그것들의 위치에 의해 그리고 전체에 대한 그것들의 관계에 의해 전체가 된다고 하는 사실을 통해서이다. 요컨대 개별적 명제들이 서로 합치되어 하나의 명제의 진리가 다른 것의 진리

다. ÜBW, 38쪽 이하를 참조하시오.

에 의존하는 것이다. 그러나 부분들의 단순한 결합에 의해 그 부분들에 결여되어 있는 어떤 것이 전체에서 발생할 수 있는 것은 결코 아니라고 한다면, 그리고 만약 결합된 명제들 가운데 어떤 하나의 명제도 확실성을 가지지 않는다고 한다면, 결합을 통해 발생된 전체도 확실성을 가지지 않을 것이다. 따라서 나머지 명제들에게 자기의 확실성을 나누어주는 최소한 하나의 명제는 확실해야만 할 것이다 (ÜBW, 40쪽).[15] 다시 말하자면 하나의 명제가 확실하다면 다른 명제도 그러할 것이고(ÜBW, 40쪽 이하), 두 번째 명제의 진리는 첫 번째 명제의 진리로부터 따라 나온다. 그러나 첫 번째 명제의 확실성은 어디에서 나오는가? 근거명제는 어떻게 증명될 수 있는가?

이러한 물음은 근거명제 그 자체의 확실성이 어떻게 근거지어질 수 있는가 하는 것에 관계된 것이지만, 우리에게

---

15) 그리고 이로부터 우리는 또한 하나의 학문 속에서는 결합 이전에 먼저 확실하고 확정적인 명제가 단 하나만이 있어야 한다는 것을 알게 된다. 왜냐하면 만약 다수의 그와 같은 명제들이 존재한다면, 그것들은 다른 명제와 전혀 결합되어 있지 않고, 그리하여 그것들은 똑같은 전체에 속하는 것이 아니라 다수의 분리된 전체들을 형성하게 되어, 다수의 학문을 형성할 것이기 때문이다. ÜBW, 41쪽 이하를 참조하시오.

는 또 다른 새로운 물음이 제기된다. 우리는 만약 첫 번째의 근거명제가 확실하다면 그로부터 그보다 좀더 규정된 두 번째 명제의 확실성이 따라 나온다는 점으로부터 출발했다. 하지만 그 경우 우리는 어디로부터 이러한 추론관계에 대해 아는 것인가? "두 명제 사이에서 하나의 명제에 다른 명제에 속하는 바로 그 확실성이 속하게끔 해주는 필연적인 연관을 근거지우는 것은 무엇인가?"(ÜBW, 43쪽)

앞의 두 물음은 결국 "근거명제 그 자체의 확실성은 어떻게 근거지어질 수 있으며, 그로부터 특정한 양식으로 다른 명제들의 확실성을 추론하는 권능은 어떻게 근거지어질 수 있는 것인가?"(ÜBW, 43쪽) 하는 것으로 요약, 정리될 수 있다.16) 피히테에게 있어 학문들의 근거명제들의 최종적인 근거지우기 문제는 그들의 내용에 관계되며, 연역 방법의 정당화 문제는 형식에 관계된다. 이러한 두 가지 문제를 해결하기 위해서는 고유한 학문 — 즉 "학문 일

---

16) 이것은 달리 말하면 학문 자체, 즉 학문 일반의 내용과 형식은 어떻게 가능한가 하는 물음이다. 왜냐하면 근거명제 자체가 가지고 있으면서 그 밖의 모든 명제들에게 나누어져야 하는 것은 학문 일반의 내적 내용이고, 근거명제가 지니고 있는 그 내용이 다른 명제들에게 나누어지는 양식은 형식이기 때문이다. ÜBW, 43쪽을 참조하시오.

반의 학문" 또는 사람들이 그렇게 부를 수 있는 것처럼 "학문론"(ÜBW, 45쪽)이 요구된다.[17]

(2) 학문론의 개념의 전개

위와 같은 학문론의 강령은 잘 이해된 철학의 강령이겠지만, 이제 우리가 본래 만들고자 하는 것이 무엇이고 또 무엇이 되어야 하는지에 대해 분명한 개념이 형성되어야 할 것이다. 학문론은 "무엇보다도 우선 학문 일반의 학문이어야 한다. 모든 가능한 학문은 그 학문 속에서 증명될 수 없고 오히려 그에 앞서 먼저 확실해야만 하는 하나의 근거명제를 갖는다. 그렇다면 이 근거명제는 어디에서 증명되어야 하는가? 의심할 바 없이 모든 가능한 학문들을 근거지어야 하는 바로 그 학문에서이다."(ÜBW, 46쪽 이하)

이러한 측면에서 학문론은 다음과 같은 두 가지를 행해

---

17) 물론 여전히 가설적으로 제기되고 있을 뿐인 이러한 학문의 가능성은 오로지 그 학문의 현실성을 통해서만 제시될 수 있을 것이다. 피히테는 지금까지 철학의 이름 아래 논의되어 온 이러한 학문론이 실제로 성취된다면 철학은 지혜에 대한 사랑이라는 이름을 떼어놓고 단적으로 학문(Wissenschaft)이라고 불릴 수 있을 것이라고 자부하고 있다. ÜBW, 44쪽 이하를 참조하시오.

야 한다. 첫째, 학문론은 무엇보다도 우선 근거명제 일반의 가능성을 근거지어야 하는 바,[18] 특별히 가능한 모든 학문들 자체 안에서 증명될 수 없는 그 학문들의 근거명제들을 증명해야 한다. 나아가 모든 학문은 단절된 개별적 명제가 아니라 다수의 명제들로부터 존립하는 전체로서 체계적인 형식을 지닌다. 물론 특수한 학문에서 그 근거명제의 진리가 증명될 수 없는 것과 마찬가지로 이러한 체계적 형식, 즉 도출된 명제들의 근거명제와의 연관의 조건, 그리고 이러한 연관으로부터 앞에 것들이 나중의 것과 마찬가지로 확실해야만 한다고 추론하는 권리근거 역시 특수한 학문에서 제시되지 않고 오히려 그 형식의 가능성을 위해 이미 전제된다. 그러므로 보편적인 학문론은 모든 가능한 학문들을 위해 체계적인 형식을 근거지우는 책임을 떠맡는다(ÜBW, 47쪽 참조). 다시 말하자면 학문론은 개별과학들 자체의 틀 안에서 원리적으로 증명할 수 없는 개별과학들의 근거명제들을 증명하고, 학문을 학문으로 만드는 연역의 체계적 형식을 근거지우는 과제를 지니는

---

18) 여기서 중요한 것은 학문들의 근거명제들이 확실해야 하는 한에서 그 확실성이 어떻게 주어지며 또 그 확실성이 무엇을 의미하는지를 제시해야 한다는 점이다. ÜBW, 47쪽을 참조하시오.

것이다.

둘째, 그러나 학문론은 그 자체가 하나의 학문이다. 따라서 그것은 스스로도 하나의 근거명제를 가져야만 하는데, 그 근거명제 자체는 학문론이 최고의 학문인 한에서 좀더 고차적인 학문에서 더 이상 증명될 수 없고, 그 자체가 모든 지식의 근거로서 모든 지식에 의해 전제되어야만 한다(ÜBW, 47쪽 참조). 그렇게 되기 위해서 학문론의 근거명제는 단적으로 그리고 자기 자신을 통해서만 확실해야만 하며, 또 그렇게 자기 자신을 통해서 확실하기 위해서 자기 자신과 동등한 것이어야만 한다(ÜBW, 48쪽 참조).[19] 나아가 앞에서 보았듯이 학문론 자체도 체계적인 형식을 소유해야만 하는데, 이것도 학문론의 근거명제와 마찬가지로 다른 학문에서 빌려올 수 없다. 따라서 학문론은 "이러한 형식을 자기 자신 안에서 지녀야만 하며, 그 형식을 자기 자신을 통해 근거지어야만 한다."(ÜBW, 49쪽) 그런데 이러한 자기근거지우기는 오로지 저 최상의

---

19) 그러므로 그것은 다른 지식 위에 근거지어지 않은 "단적으로 지식의 명제"이며, 또한 단적으로 확실한데, "왜냐하면 그것은 확실하기 때문이다. 그것은 모든 확실성의 근거이다." ÜBW, 48쪽을 참조하시오.

명제에 있어 형식과 내용이 일치함을 통해서만 가능하다.[20] 요컨대 내용이 형식을, 형식이 내용을 규정해야만 하는 것이다. "이러한 형식은 오로지 저 내용에만, 그리고 이러한 내용은 오로지 저 형식에만 적합할 수 있다. 이러한 내용에 대한 다른 모든 형식은 그 명제 자체와 더불어 모든 지식을 지양하며, 이러한 형식에 대한 다른 모든 내용도 마찬가지로 그 명제 자체와 더불어 모든 지식을 지양한다."(ÜBW, 49쪽)

더 나아가 피히테는 이러한 최초의 근거명제와 더불어 학문론의 또 다른 근거명제들이 존재할 수 있다고 가정한다. 물론 그 근거명제들이 저 최초의 명제와 동렬에 있을 수는 없다. 내용 또는 형식에 있어 그것들은 최고의 명제에 의해 제약되어야만 한다. 이러한 방식으로 학문론은 모

---

20) 피히테에게 있어서 어떠한 명제도 내용이 없거나 형식이 없으면 가능하지 않다. 즉 그것은 우리의 앎의 대상이 되는 어떤 것이어야만 하며, 또한 우리가 그 대상에 대해 아는 어떤 것이어야만 한다. 따라서 학문론의 최초의 명제도 내용과 형식을 가져야만 한다. 그런데 최초의 명제는 직접적으로 그리고 자기 자신을 통해서 확실해야 한다면, 그것은 그것의 내용이 그 형식을, 그리고 역으로 형식이 그 내용을 규정한다는 것 이외에 다른 것을 의미할 수 없다. ÜBW, 49쪽을 참조하시오.

두 합해 세 가지의 근거명제, 즉 형식과 내용에 있어 단적으로 무제약적인 제 1의 근거명제, 내용에 있어 제약된 제 2의 근거명제, 그리고 형식에 있어 제약된 제 3의 근거명제를 갖게 된다. 학문론의 그 밖의 다른 모든 명제들은 이들로부터 내용뿐만 아니라 또한 형식에 따라서도 도출될 수 있어야만 한다(ÜBW, 49쪽 이하).

피히테는 계속해서 만약 지식이 이러한 방식으로 구조화될 수 없다면 오로지 다음과 같은 두 가지의 가능성만이 문제로 될 것이라고 생각한다. "첫 번째 경우에는 도대체가 직접적으로 확실한 것은 아무것도 존재하지 않는다. 다시 말하자면 우리의 지식은 그 속에서 각각의 모든 명제가 좀더 고차적인 명제에 의해서 근거지어지고 이 명제는 또다시 좀더 고차적인 명제에 의해서 근거지어지는 여럿의 또는 하나의 무한한 계열을 형성한다는 것이다." (ÜBW, 52쪽) 요컨대 최종근거지우기가 있을 수 없고 근거지우기의 무한퇴행에 문이 열림으로써, "우리의 확실성은 겨우 얻어졌겠지만, 그러나 우리는 그것을 그 다음날 결코 확신할 수 없게 될 것"(ÜBW, 52쪽)이라는 것이다.[21]

---

21) 피히테는 무한퇴행을 직관적으로 보여주기 위해 인도 우주론으

"또는 — 두 번째 경우 — 우리의 지식은 유한한 계열로 이루어지지만, 그러나 여럿의 계열로 이루어지고, 각각의 모든 계열은 다른 명제를 통해서가 아니라 다만 자기 자신을 통해서만 근거지어지는 하나의 근거명제에서 종결된다. 그러나 그와 같은 근거명제들은 여럿이 있어서, 그것들은 그 모두가 자기 자신을 통해서, 그리고 단적으로 그 밖의 모든 것으로부터 독립적으로 근거지어지는 까닭에, 서로 간에 아무런 연관도 지니지 않고 완전히 고립되어 있게 된다."(ÜBW, 52쪽 이하) 다시 말하자면 개별학문들에 대해 물론 확실한 것으로 여겨질 수 있지만 서로 간에 합치될 수 없는 수많은 공리들 — 가령 생득적 진리들 — 이 존재할 것이며, "우리의 지식은 그것이 확대되는 그 만큼은 물론 확실하지만, 그러나 그것은 하나의 통합된 지식이 아니라, 수많은 학문들"(ÜBW, 53쪽)로 되리라는 것이다. 이러한 경우에는 통제 불가능한 인식의 진행이 배제되지 않아 우리의 지식은 결코 완성될 수 없다. 요컨대 계속해서 새로운 생득적 진리들이 발견되고 따라서 계속해서

로부터 빌려온 비유, 즉 지구를 짊어지고 있으면서 그 스스로는 다시 거북이의 등에 올라타 있는 코끼리의 비유를 사용하고 있다. ÜBW, 52쪽을 참조하시오.

새로운 학문들이 발전될 수 있는 것이다. 그러나 이러한 방식으로는 지식의 체계가 가능하지 않다. 지식의 체계를 위해서는 그 밖의 모든 지식이 그것에로 환원될 수 있어야만 하는 절대적으로 최초인 근거명제가 필요하다. "그러나 첫 번째 경우에서처럼 하나의 체계의 가령 단순히 하나의 단편이나 여럿의 단편들이 존재하는 것이 아니어야 한다면, 또는 두 번째 경우에서처럼 여럿의 체계가 존재하는 것이 아니라 완성되고 통일된 체계가 인간 정신 속에 존재해야 한다면, 그와 같은 최상의 절대적으로 최초의 근거명제가 존재해야만 한다."(ÜBW, 54쪽)

(3) 학문론의 개념을 상세하게 해명하기 위해 제기되는 과제들

『학문론의 개념에 관하여』의 두 번째 장에서 피히테는 그렇게 가설적으로 이해된 학문론의 이념으로부터 나타나는 세부적인 문제들에 관해 논구하고 있다.22) 앞에서 보

---

22) 여기서 피히테에 따르면 하나의 개념을 학문적으로 논구한다는 것은 어떤 개념이 그 개념에게 그것의 위치를 규정해 주며 어떤 다른 개념의 위치가 그 개념에 의해 규정되는지를 드러내 보이

았던 것처럼 학문론의 해명에서 일반적으로 제기되는 물음은 "학문론은 개별적인 학문들에 대해 어떠한 관계를 맺고 있는가?" 하는 것이었다. 이 물음은 이미 학문론의 단순한 개념에 의해 대답되어 있다. 학문들이 학문론에 대해 맺고 있는 관계는 근거지어진 것이 자기의 근거에 대해 맺는 관계로서, 다시 말하자면 개별적인 학문들이 학문론에게 그것의 위치를 지정하는 것이 아니라, 학문론이 그것들 모두에게 그것들의 위치를 자기 자신 안에서 그리고 자기 자신을 통해서 지정한다는 것이다. 따라서 여기서 문제로 되는 것은 다만 이러한 대답을 더 한층 전개시키는 것일 뿐이다(ÜBW, 55쪽 참조).

그러므로 여기서 첫 번째로 제기되는 물음은 학문론이 모든 학문들의 학문인 한에서 어떻게 현실적일 뿐만 아니라 또한 가능하기도 한 모든 개별학문들을 근거지었다는 것에 관한 확신에 도달할 수 있는가 하는 것이다. "그것이 인간 지식의 전 영역을 완전히 남김없이 파헤쳤다는 것을 어떻게 보증할 수 있는가?"(ÜBW, 56쪽)

두 번째 물음은 다음과 같은 점으로부터 제기된다. "학

는 것을 말한다. ÜBW, 55쪽을 참조하시오.

문론은 모든 학문들에게 그들의 근거명제들을 제공해야 할 것이다. 따라서 어떤 하나의 특수한 학문에서 근거명제들인 모든 명제들은 동시에 또한 학문론 내부의 고유한 명제들이기도 하다. 요컨대 하나이자 전혀 동일한 명제가 두 가지 관점으로부터, 즉 처음에는 학문론에 포함된 명제로서, 그 다음으로는 특수한 학문의 정점에 놓여 있는 근거명제로서 고찰되어야 하는 것이다." 이 경우 "도대체가 어떤 특수한 학문이 존재하는 것이 아니라, 오로지 하나이자 전혀 동일한 학문론의 부분들만이 존재하게" 된다 (ÜBW, 56쪽). 그렇다면 개별학문들의 독자성은 어디에 존립하는가? 그것들은 전적으로 철학에로 환원되지 않는가? 그리고 개별학문과 학문론이 구별되어야 한다면, 개별학문에 "덧붙여지는 것은 어떤 것이며, 또는 ─ 이 덧붙여지는 것이 구별을 형성하는 까닭에 ─ 학문론 일반과 특수한 각각의 모든 학문 간의 규정적인 한계는 어떤 것인가?"(ÜBW, 56쪽)

세 번째로 제기되는 물음은 논리학과 관계된다. 왜냐하면 학문론은 모든 학문들에게 그들의 형식을 규정해 주어야 하는 것이지만, 논리학 역시 똑같은 요구를 제기하고 있기 때문이다. 그러므로 학문론이 논리학과 어떠한 관계를 맺는지가 결정되어야만 하며 탐구되어야만 한다(ÜBW, 56쪽).

네 번째로 제기되는 것은 "학문론은 자기의 대상과 어떠한 관계를 맺는가?" 하는 물음이다. 이 물음이 제기되는 까닭은 학문론 역시 그 자체가 하나의 학문이며, 그런 한에서 그것도 무언가 어떤 것에 대한 학문이기 때문이다 (ÜBW, 57쪽).

(4) 학문론은 인간의 지식 일반을 남김없이 파헤쳤다는 것을 어느 정도로 보증할 수 있는가?

이와 관련된 확실성은 분명히 지금까지의 실제적인 지식들로부터 귀납적인 방식으로 달성될 수 없다. 왜냐하면 지금까지의 경험에서 타당한 것이 미래에도 마찬가지라는 점은 증명될 수 없기 때문이다. 오히려 제시된 근거명제가 "남김없이 파헤쳐진" 것이며, 다시 말하자면 그로부터 모든 연역 가능한 것이 연역된다는 점이 제시되어야 한다. "하나의 근거명제는 완전한 체계가 그 위에 세워져 있을 때, 다시 말하자면 근거명제가 필연적으로 세워진 모든 명제들로 나아가고, 세워진 모든 명제들이 필연적으로 또다시 근거명제로 환원될 수 있을 때 남김없이 파헤쳐져 있다."(ÜBW, 58쪽) 여기서 먼저 명제가 너무 많이 연역된다는 점을 배제하기는 어렵지 않다. 왜냐하면 그렇게 너무 많이 연역되는 경우에는 바로 연역이 완결적일 수 없을 것이기 때문이다. 요컨대 "만약 근거명제가 거짓일 때 참일 수 있는 명제가 전체 체계에서 나타나지 않는다면 — 또는 근거명제가 참일 때 거짓일 수 있는 명제가 전체 체계에서 나타나지 않는다면, 이러한 것은 어떤 하나의 명제도 너무 많이 체계 속으로 받아들여져 있지 않다는 것에 대한 부정적 증명이다."(ÜBW, 58쪽) 이러한 점이 하나의 증명을 수행할 수 있는 까닭은 체계에 속하지 않는 그와 같은 명제는 근거명제가 거짓이라면 참일 수 있을 것이기 때문이며, 또는 근거명제가 참이라고 할지라도 거짓일 수도 있을 것이기 때문이다. 근거명제가 주어져 있다면, 모든 명제들이 주어져 있어야만 한다. 다시 말하자면 근거명제 속에 그리고 그것을 통해서 모든 개별적인 명제들이 주어져 있는 것이다.

그러나 또한 명제가 너무 적게 도출되는 것은 아니라는 점에 관한 확실성에 도달하는 것은 어떻게 가능한가? 물론 "나는 그 이상으로 무엇이 따라 나올 수 있는지 알지 못한다"라는 한갓 주관적인 느낌은 아무것도 증명하지 못한다(ÜBW, 59쪽). 오히려 "학문 일반은 체계적이며, 그의 모든 부분들은 하나의 유일한 근거명제 속에서 연관되어 있다고 하는 것 … 학문은 체계"(같은 곳)라는 것을 긍정적으로 증명해야 한다. 이를 위해서는 방법적인 확실성이 요구된다. 이러한 방법적 확실성은 피히테에 따르면 원환적 구조를 드러내 보이는 것에 존립한다. "그것은 우리가 그로부터 출발했던 근거명제 자체가 동시에 또한 최종적인 결과이기도 하다는 것 이외에 다른 것일 수 없을 것이다."(ÜBW, 59쪽) 결국 전개의 끝에서 근거명제가 다시 나타난다면 원환적 구조는 완결된다.

하지만 가정된 근거명제가 남김없이 파헤쳐진 것이라는 점을 드러내는 것만으로는 모든 가능한 지식이 근거지어진다는 것을 현실적으로 증명하기에는 여전히 충분하지 않다. 왜냐하면 "증명되어야 할 것이 이미 전제되지 않는다면, 즉 근거명제가 인간의 지식 일반의 근거명제라는 것이 이미 전제되지 않는다면, 인간의 지식 일반이 남김없이 파헤쳐져 있다는 것이 따라 나오는 것은 아니기" 때문이다(ÜBW, 60쪽). 다시 말하자면 다른 근거명제들에 토대하는 지식의 또 다른 체계들이 있을 수 있는 것이다. 이 점을 배제하기 위해서 우리는 오로지 하나의 지식 체계만이 있을 수 있다는 명제를 필요로 한다. 물론 이 명제 자체는 지식의 첫 번째 체계에 속해야만 한다. 요컨대 "이러한 명제, 즉 인간의 모든 지식이 … 단 하나의 유일한 지식을 형성한다고 하는 명제 자체가 인간 지식의 구성부분이어야 하는 까닭에, 그것은 모든 인간 지식의 근거명제로 세워진 명제 이외에 다른 어떤 것 위에도 근거지어질 수 없는"(ÜBW, 60쪽) 것이다. 그러므로 이 명제는 이 체계의 근거명제가 타당할 경우에만 타당할 것이며, 따라서 그것의 유일성 자체도 순환으로부터 자유롭게 증명될 수 없다. 따라서 이렇듯 순환에 의해 증명되는 근거명제의 유일성으로부터는 그와 맞서 있는 또 다른 근거명제, 즉 첫 번째 체계에 맞선 두 번째 체계가 그저 상이한 체계일 뿐만 아니라 뭔가 모순적인 것이기도 하지 않을 수 없다는 점이 따라 나온다. 그러나 그것은 체계의 명제인 저 체계의 유일성 주장과는 양립할 수 없을 것인 바, 가능한 지식체계의 모든 명제들은 상호간에 연관되는 한에서 두 번째 체계의 근거명제는 첫 번째 체계의 근거명제에 곧바로 대립되어야만 할 것이다. 따라서 첫 번째 근거명제가 "예를 들어 나는 나다(Ich bin Ich)라는 명제라면, — 두 번째 명제는 나는 내가 아니다라는 것이어야만 할 것"(ÜBW, 61쪽)이지만, 이로부터는 곧바로 그와 같은 두 번째 근거명제의 불가능성이 추론되지 않을 수 없다. 그러므로 "현실적으로 (세워진 학문에 따라) 체계를 근거지우는 명제 X는 인간 지식 일반의 근거명제이며, 그 위에 근거지어진 체계는 인간 지식의 저 통합된 체계이다."(ÜBW, 61쪽 이하)

(5) 보편적 학문론을 특수한, 즉 학문론에 의해 근거지어지는 학문으로부터 구분하는 한계는 어떤 것인가?

개별학문들의 철학에 대한 관계와 관련하여서 다음과 같은 문제가 제기된 바 있다. 개별학문들의 근거명제들이 철학적 메타학문으로부터 따라 나온다면, 개별학문들의 독자성은 어디에 존립하는가? 이 물음이 제기되는 것은 보편적 학문론의 명제인 하나의 동일한 명제가 동시에 특수한 학문의 근거명제라면, 그 명제가 그 특수한 학문의 근거명제이기 위해서는 그것에 뭔가 그 이상의 어떤 것이 덧붙여져야만 하기 때문이다. 그런데 이 덧붙여져야 할 것은 학문론 이외의 곳에서는 주어질 수 없다. 왜냐하면 학문론의 정의에 따라서 학문론 속에 가능한 모든 인간 지식이 포함되어 있기 때문이다. 그러나 덧붙여져야 할 것이 이미 그 근거명제 자체 속에 놓여 있다면 특수한 학문과 학문론 사이에는 어떠한 한계도 존재하지 않을 것이다. 왜냐하면 그 경우에는 학문론 속에서의 그 명제 자체가 특수한 학문의 근거명제일 것이기 때문이다. 그렇다면 개별 학문들의 독자성은 어디에 존립하는가?(ÜBW, 62쪽 참조)

『학문론의 개념에 관하여』에서 피히테는 이 물음에 대해 다음과 같이 대답하고 있다. 인간 정신은 자신의 행위들을 한편으로 규정적으로, 즉 강제적이고 필연적으로 산출하나, 동시에 그 행위들을 어떠한 강제나 강요 없이 자유롭게 산출한다. 따라서 인간의 모든 지식을 포함하는 "학문론에 의해서는 필연적인 행위와 … 자유로운 행위가 주어져 있게 될 것이다."(ÜBW, 63쪽) 요컨대 학문론은 정신이 한편으로 필연적으로, 다른 한편으로 자유롭게 행위하는 한에서 정신의 행위들을 포함하는 것이다. 그런데 여기서 정신의 필연적인 행위들은 철학, 즉 학문론의 대상으로 되며, 자유로운 행위들은 학문들의 대상으로 된다. 왜냐하면 "인간 정신이 필연적으로 행위하는 한, 그것의 행위들은 학문론에 의해서 규정되어 있을 것이지만, 그러나 인간 정신이 자유롭게 행위하는 한에서는 그렇지 않다"(같은 곳)고 할 수 있지만, 자유로운 행위들 역시 규정되어야 하는 까닭에 그 규정은 특수한 학문들에서 발생해야만 하기 때문이다.

물론 정신의 자유로운 행위들의 내용, 즉 특수한 개별학문들을 구성하는 행위들은 학문론에 의해서 먼저 주어진 필연적인 것 이외에 다른 것일 수 없다. "왜냐하면 학문론이 제공하지 않은 것은 아무것도 현전하지 않기 때문이고, 또 학문론은 언제나 필연적인 것 이외에 아무것도 제공하지 않기 때문이다."(같은 곳) 하지만 그 필연적인 것을 자유롭게 규정하는 정립의 사실은 개별학문에 속한다. 이러한 방식으로 피히테는 개별학문들에게 "무한히 전진하는 완성 가능성"(ÜBW, 66쪽)의 자유로운 공간을 보장하는 반면, 필연적으로 한정되어 있는 필연적인 것들을 다루는 학문론 그 자체는 완결될 수 있기를 희망하고 있다.

(6) 보편적 학문론은 특별히 논리학에 대해 어떤 관계를 지니는가?

학문론의 하나의 과제는 가능한 모든 학문들을 위해 형식을 세우는 것이다. 하지만 논리학 역시 그와 똑같은 일을 행한다. 그러면 그 과제와 관련하여 학문론과 논리학은 어떻게 관계되는가?

학문론과 마찬가지로 모든 개별학문들에 선행하는 논리학에 대한 학문론의 차이와 관련된 이 물음에 대해 피히테는, "논리학은 가능한 모든 학문들에게 단적으로 오로지 형식만을 주지만, 그러나 학문론은 형식만이 아니라 또한 내용도 주어야 한다"(ÜBW, 66쪽)는 것으로 대답한다. 논리학의 테마는 형식일 뿐이지만, 학문론의 테마는 학문들의 형식과 내용 모두라는 것이다. "학문론에서는 형식은 내용으로부터, 또는 내용은 형식으로부터 결코 분리되어 있지 않다. 그 둘은 학문론의 명제들 모두에서 아주 내밀하게 통합되어 있다."(같은 곳) 그러나 논리학의 본질은 모든 내용을 추상한 형식을 제시한다는 데에 놓여 있으며, 그런 한에서 논리학은 엄밀한 의미에서의 철학적 학문, 즉 학문론과 같은 지위를 지닐 수 있는 것이 아니라 하나의 고유한 분리된 학문일 뿐이다. 이 점은 논리학이 일반적으로 생각되고 있는 것처럼 그 스스로가 철학을 근거지우고 제약, 규정지을 수 있는 좀더 고차적인 학문인 것이 아니라 오히려 철학적 학문인 학문론에 의해서 근거지어지고 제약, 규정되어야만 하나의 특수한 학문이라는 것을 말해

주고 있다(ÜBW, 67쪽 참조).23)

이처럼 논리학이 최고의 메타학문이 아니라 오로지 학
문론만이 그럴 수 있으며 특별히 논리학이 학문론을 근거
지우는 것이 아니라 학문론이 논리학을 근거짓는다는 것

---

23) 논리학이 최고의 메타학문이 아니라 철학에 의해서 근거지어져
야 할 하나의 특수한 학문이라면 앞 절에서 보았던 것처럼 학문
론과 논리학 사이의 한계를 그어주는 자유의 규정이 제시되어야
한다. 왜냐하면 학문론에서는 내용과 형식이 필연적으로 통일되
어 있는데, 논리학은 내용으로부터 분리된 단순한 형식을 제시
하는 한에서 그 분리를 수행할 수 있게 해주는 자유의 규정이
제시되어야 하기 때문이다. 논리학을 성립하게 해주는 그와 같
은 단순한 형식의 자유로운 분리는 이제 추상이라 불릴 수 있다.
따라서 논리학의 본질은 학문론의 모든 내용을 추상한다는 데
존립한다. 물론 논리학이 오로지 추상을 통해서만 성립되는 것
은 아니다. "왜냐하면 명제 일반의 개념에는 그것이 양자를, 즉
형식뿐만 아니라 내용을 지닌다는 점이 놓여 있기 때문이다." 요
컨대 논리학이 다만 형식만을 다루기는 하지만, 그러나 바로 학
문론에서 단순한 형식을 이룰 뿐인 그 형식은 이제 논리학의 고
유한 내용으로 되지 않을 수 없는 것이다. 그런데 "그에 의해 형
식이 논리학의 고유한 내용으로 되어 자기 자신 내로 귀환하는
자유의 이러한 두 번째 행위는 반성이라고 불린다." 그러므로 논
리학은 추상뿐만 아니라 또한 반성을 통해서도 성립한다. 어쨌
든 추상과 반성은 서로에 대해 필연적이며, 하나의 동일한 정신
행위가 서로 다른 측면에서 파악된 것이다. ÜBW, 67쪽 이하를
참조하시오.

을 피히테는 다음과 같은 예에서 직관적으로 설명하고자 한다. 논리학에서는 A = A라는 명제가 타당한데, 이 명제는 "만약 A가 정립되어 있다면, 따라서 A는 정립되어 있다"는 것을 의미한다. 하지만 학문론에서는 자아 = 자아라는 명제가 타당하다. 그런데 이 명제가 의미하는 것은 우선은 "만약 내가 정립되어 있다면, 따라서 나는 정립되어 있다"는 것이지만, 이 명제의 주어인 나는 절대적 주어로서 단적으로 존재하지 않을 수 없는 것이기 때문에 이 명제에서는 명제의 형식과 더불어 동시에 명제의 내적인 내용이 정립된다. "나는 내가 있기 때문에 있으며, … 나는 정립되어 있는데, 왜냐하면 내가 나를 정립했기 때문이다." 요컨대 논리학의 명제가 한갓 가언적으로만 A의 실존을 주장하고 있다면, 학문론의 명제는 자아의 실존을 정언적으로 정립하고 있는 것이다. "그러므로 논리학은 다음과 같이 말한다. 만약 A가 있다면 A는 있다. 학문론은 다음과 같이 말한다. A(이러한 규정된 A = 나)가 있기 때문에 A는 있다."(ÜBW, 69쪽)

그러므로 논리학의 A = A라는 명제는 근원적으로 오로지 나에 대해서만 타당한 것으로서 그로부터 추상된 형식을 표현하고 있다. 그러나 논리학의 A를 학문론의 자아로

대체한 것은 그저 학문론의 첫 번째 근거명제의 근거지우기 문제만을 해결한 데 그치지 않는다. 그것은 또한 "만약 A가 정립되어 있다면 따라서 그것은 정립되어 있다고 추론하는 것이 어떻게 정당화되는가?"라는 물음에 대해서도 대답을 주고 있는 것이다. 왜냐하면 A와 A 사이의 연역연관의 정당화 문제 역시 자아의 자기 자신과의 반성적 동일성의 토대 위에서만 해결될 수 있기 때문이다. "자아 속에 정립되어 있는 것은 정립되어 있다. 요컨대 A가 자아 속에 정립되어 있다면 그것은 정립되어 있으며, … 그리하여 만약 자아가 자아이어야 한다면, 그 명제는 무모순적으로 참이다."(ÜBW, 70쪽) 이렇게 하여 논리적 연역의 관계 역시 자아의 철학적 자기관계에 의해 근거지어진다.

(7) 학문으로서의 학문론은 자기의 대상에 어떤 관계를 맺고 있는가?

이 물음이 제기되는 것은 무엇보다도 먼저 학문론의 명제들 역시 형식과 내용을 지니고 있다는 데서 비롯된다. 우리는 어떤 것을 알고 따라서 학문론도 어떤 것에 대한 학문이다. 그러나 학문론이 그러한 어떤 것 자체는 아니다. 그렇다면 학문론은 자기 앞에 존재하는 일정한 내용의 형식일 것이다. 그러므로 우리는 학문으로서의 학문론은 자기에 대상에 어떤 관계를 맺고 있는가? 라고 묻게 되는 것이다(ÜBW, 70쪽 이하 참조).

이 물음은 좀더 세부적인 측면들을 포함하고 있다. 학문론의 대상은 학문론으로부터 독립적으로 현존하는 인간 정신의 행위들로서 그것들은 또한 학문론으로부터 독립적으로 일정한 양식에 따라 발생한다. 즉 학문론의 대상은 그 자체로서 내용과 형식을 지닌 인간 지식의 필연적인 체계인 것이다. 그러나 그러한 지식의 체계는 학문론에 의해 다시 체계적인 형식으로 세워져야 한다. 물론 학문론의 명제들은 그 자체로 내용을 지닌다. 그러므로 우리는 학문론의 내용과 형식이 인간 지식 체계의 내용과 형식과 어떻게 구별되고 또 관계되는지 묻지 않을 수 없는 것이다.

피히테의 대답은 체계적인 형식을 지니는 인간 정신의 필연적인 행위들이 현실적으로도 저 체계적인 형식에 따라 정신 속에서 출현하는 것은 아니라는 데로부터 출발한다. 가령 지성의 최상의 행위가 자기 자신을 정립하는 행위라고 하더라도 그것이 시간적으로도 최초로 의식되는 행위는 아닌 것이다. 그러므로 학문론이 성립하기 위해서는 필연적인 인간 정신의 행위들 일반에는 포함되어 있지 않은 또 다른 정신 행위, 즉 인간 정신의 행위양식 일반을 의식으로 고양시키는 자유로운 행위가 필요한 것이다. "학문론은 그것이 체계적인 학문이어야 하는 한에서, 바로 체계적이어야 하는 한에서의 가능한 모든 학문들과 마찬가지로 자유의 규정을 통해서 성립한다."(ÜBW, 71쪽 이하)[24]

그리하여 피히테가 여기서 묻지 않을 수 없게 되는 것은 분명히 자기의식의 발생의 문제와 전적으로 유사한 문제이다. 그것은 다시 말하자면 우리가 인간의 지식 체계에 고유한 내용과 형식을 적절하게 학문적으로 재산출하기

---

[24] 그러므로 학문론 역시 특수한 개별학문들과 마찬가지로 자유의 규정을 통해서 성립한다. 하지만 학문론이 자유의 규정을 통해서 성립한다고 해서 마찬가지로 자유의 규정을 통해 성립되는 다른 특수한 학문들로부터 구별되지 않는 것은 아니다. 왜냐하면 다른 학문들의 대상은 자유로운 행위이지만 학문론의 대상은 정신의 필연적인 행위들이기 때문이다. 그리고 또 하나 지적해야 할 것은 학문론을 성립시키는 것이 자유로운 행위인 한에서 그것은 지성의 필연적인 행위를 의식의 형식 속으로 받아들이는 반성의 행위이자 동시에 저 필연적 행위들이 현실적으로 출현하는 모든 혼합으로부터 분리시키는 추상의 행위이기도 하다는 점이다. ÜBW, 72쪽을 참조하시오.

위해서는 이미 학문론에 고유한 방법인 반성행위에 이미 통달해 있어야만 한다는 문제이다. 그러나 "철학자는 그가 무엇을 지성의 필연적인 행위방식들로서 받아들이고 무엇을 우연적인 것으로 제쳐두어야 하는지를 어떻게 아는가? 그는 이제 가령 그가 비로소 의식으로 고양시켜야 할 바로 그것이 이미 의식으로 고양되어 있지 않은 한에서는 그것을 단연코 알 수 없다. 그러한 것은 자기 모순적이다."(ÜBW, 72쪽 이하)

이로부터 피히테는 학문론에 이르는 도정이 수많은 시도를 통해 맹목적인 암중모색과 여명을 거쳐 대낮으로 나아가는 것으로 파악한다. 요컨대 학문론을 성립시키는 도정은 직선적으로가 아니라 모호한 느낌, 즉 철학자가 "가령 시인이나 예술가에 못지 않은 정도로" 필요로 하는 "올바른 것에 대한 모호한 느낌이나 천재"(ÜBW, 73쪽의 주해)에 의해 이끌려지지 않을 수 없다는 것이다. 물론 이 점이 피히테에게서 학문론의 진리주장의 상대화를 결과로 낳는 것은 아니다. 왜냐하면 그것은 오로지 철학의 역사, 즉 학문론의 발생에 관계될 뿐이기 때문이다. "모든 철학은 내세워진 목표를 향해 왔으며, 또 모든 철학은 반성을 통해 지성의 필연적인 행위양식을 그것의 우연적인 조건들로부터 분리해 내고자 했다."(ÜBW, 73쪽 이하) 그러므로 학문론의 관점이 획득되자마자 그것은 지성의 필연적인 행위양식으로서 자기 자신을 스스로 근거지우게 되는 것이다. 물론 그렇게 획득된 학문론의 관점이 실제로 필연적인 지성의 행위양식인가 하는 것이 파악되기 위해서는 이미 그 필연적인 행위양식이 획득되어 있어야만 한다. 따라서 여기서도 새로이 학문론의 완전성에 대한 물음의 경우에서처럼 순환이 성립하는데, 피히테는 이러한 순환의 구조를 통해 학문론의 체계의 올바름에 대한 부정적 증명을 수행하고 있다. "우리는 일정한 반성법칙들을 전제하며, 이제 학문의 과정에서 똑같은 법칙들을 유일하게 올바른 것들로서 발견하는 것이다. 그러므로 우리가 우리의 전제에서 전적으로 옳았으며, 우리의 학문은 그 형식에 따라 올바른 것이다. … 우리는 전제된 것과 발견된 것의 일치로부터 체계의 올바름을 추론하는 것이다. 그러나 이것은 … 부정적 증명일 뿐이다."(ÜBW, 74쪽 이하) 그러나 피히테는 자기의 학문론의 체계가 절대적으로 확실하다고 주장하지 않는다. 왜냐하면 비록 인간 정신의 체계는 절대적으로 확실하며 오류가 없다 하더라도 그것을 반성하는 판단력의 경우에는 원리적으로 잘못을 범할 수 있는 사유의 결함을 배제할 수 없기 때문이다. 하지만 피히테는 이렇게 자기 체계의 오류 가능성을 인정함으로써 오히려 그 체계가 더욱 더 완성될 수 있을 가능성을 열어놓고 있다 (ÜBW, 77쪽 이하).

3. 학문론의 개념에 대한 반성적 검토

『학문론의 개념에 관하여』에서 전개되고 있는 위와 같은 피히테의 기획이 철학체계의 이념과 관련하여 철학사에서 나타난 가장 중요한 시도들에 속한다는 점은 의심할바 없을 것이다. 피히테처럼 원리들의 최상의 학문으로서의 철학의 이념을 그토록 엄밀하고도 정열적으로 그리고 그렇게 완결적 구조 속에서 언표하고 또 이를 통해 강력한 영향을 끼친 철학자는 거의 없었다고 할 수 있다.[25] 따

---

25) 물론 앞에서 보았던 것처럼 플라톤의 경우는 예외겠지만, 어쨌든

라서 우리는 사실상 피히테의 기획이 철학의 가장 야심에 차고 거인적인 시도에 속한다고 평가할 수 있을 것이다.26)

피히테와는 다른 체계구상으로 나아간 독일 관념론자들, 즉 셸링과 헤겔 역시 피히테의 철학개념에 의해 각인되어 그의 강령을 실현하고자 한 철학자들이다. "피히테가 처음으로 수확한 본래적으로 철학적인 산물들 가운데 헤겔에 있어 방법론적인 원리로서 더욱 더 발전되지 않은 어떠한 명제도 존재하지 않는다." 물론 당연한 것이지만 그들 사이에 차이도 존재한다. "그렇긴 하지만 '메타철학적' 숙고들의 응집성이 철학의 본질과 구조에 대한 고유한 연관된 서술에서 추구되거나 달성되지는 못했다. 피히테와 객관적 관념론자들 사이의 차이는 철학의 과제 및 철학과 개별학문들 내지 철학과 논리학의 관계에 관한 서로 다른 확신이나 주장의 정도에 있지 않다. 오히려 셸링과 헤겔이 피히테를 비판하는 것은 이러한 강령의 구체적인 성취인데, 물론 피히테는 『학문론의 개념에 관하여』에서 그 성취에 대해서는 거의 전적으로 도외시하고 있다. 따라서 이러한 '관념론 선언'의 이념들은 철저히 세 사람의 위대한 독일 관념론자들 **모두**의 철학적 견해의 공통적인 토대로서 간주될 수 있다. … 하지만 다음과 같은 점에 대해서는 의심이 있을 수 없다. 즉 셸링과 헤겔을 피히테로부터 구별시켜 주고 있는 것은 그들이 후자보다 더 적은 것이 아니라 더 **많은** 것을 의욕하고 있다는 점이라는 것이다. 따라서 피히테의 철학개념을 거부하는 자는 어쩔 수 없이 헤겔의 철학개념도 거부해야만 한다." Vittorio Hösle, 앞의 책, 28쪽 이하.

26) 따라서 『학문론의 개념에 관하여』의 제2판에 붙인 피히테의 서문에서 볼 수 있는 것처럼 이미 동시대인들이 그의 철학적 구상

그러나 우리의 시대정신에 고유한 겸손하거나 아니면 위축된 태도로부터 비롯된 것이지만 그렇듯 야심에 가득 찬 것이라고 해서 그것을 단적으로 거부하는 것이 정당화될 수는 없다. 중요한 것은 피히테의 논의를 사태에 관련하여 검토해 보는 일일 것이다.

무엇보다도 먼저 피히테는 학문으로서의 철학이 지니는 고유성을 그것의 대상을 둘러싼 견해들의 불일치에서 찾는 데서 시작하고 있다. 이것은 분명히 올바른 출발점이라 할 것이다. 왜냐하면 우리가 보고 있는 것처럼 예를 들어 경제학의 대상이 경제이고 생물학의 대상이 생명이라는

을 단적으로 거부했던 것은 놀라운 일이 아니다. "잠정적으로 조용히 침묵하고 스스로 어느 정도 곰곰이 생각해 보는 좀더 이성적인 태도를 취했던 사람은 거의 없었다. 좀더 많은 사람들은 새로운 현상에 관한 자신들의 우둔한 놀라움을 노골적으로 드러냈으며, 그 새로운 현상을 어리석게 비웃고 고약하게 조롱하며 받아들였다."(ÜBW, 34쪽) 피히테의 웅대한 개성에 특유한 도도함으로부터 그는 후기 시대의 역사적 도야를 위해 학문론에 관계되는 비평들의 총서를 만들고자 한다고 공언한다. 그런데 그 비평들 가운데 좀더 호의적인 것들은 "저자의 변명에 대해 전체 사태가 그저 나쁘게 고안된 농담일 뿐이라고 믿고자 했던 반면, 다른 사람들은 저자를 곧바로 '모종의 자비로운 자선의 내면에서' 어떻게 처리할 수 있을 것인지를 진지하게 따져 물었다." (ÜBW, 34쪽)

것 등등은 이론의 여지없이 받아들여지고 있지만, 철학의 본래적인 대상이 무엇인지에 대해서는 일반적인 동의를 얻을 수 있는 견해가 관철되고 있지 않기 때문이다. 물론 사태는 좀더 복잡한데, 왜냐하면 철학은 다른 한편으로 다른 모든 학문들의 대상영역에 관계하고 있는 것처럼 보이기 때문이다. 요컨대 사회철학, 법철학, 경제철학, 과학철학, 생물철학, 예술철학, 음악철학 등등이 있는 것이다.

철학의 고유성을 둘러싼 상황이 그러하다면 철학이란 무엇인가 라는 문제와 관련하여 우리에게는 다음과 같은 물음이 제기될 수 있을 것이다. 그와 같이 다양한 개별학문의 철학들에 있어 특별히 철학적인 것은 무엇인가? 여기서 쉽게 생각될 수 있는 대답은 철학이란 무엇보다도 우선 학문들의 근본구조들과 근본원리들에 관계한다고 하는 것이다. 이 경우 가령 수학의 철학은 본래적인 수학과는 달리 이 학문의 가장 보편적인 개념들과 원리들을 다룬다. 물론 이와 같은 견해에 따르면 수학의 철학은 수학의 원리들을 밝혀내는 데서 완전히 다 마무리된다. 그런데 만약 본래적인 수학이 의식적이든 무의식적이든 다루고 있는 이론의 공리들이 존재한다면, 수학의 철학은 확실히 그 공리들을 귀납적으로 열거하는 것만을 과제로 지닌다고 할 것이고, 따라서 철학은 본래 불필요한 것으로 인정될 수도 있을 것이다. 왜냐하면 수학의 공리들을 열거하는 과제는 사실 철학이 아니라 본래적인 수학이 더 잘 수행할 수 있기 때문이다.

공리들 내지 근본개념들을 확정하는 것이 특별히 철학적인 것이 아니라면, 도대체 철학을 고유한 학문으로 만드는 것은 무엇인가? "그것은 아마도 철학이 학문적 이론의 근저에 원리적으로 증명할 수 없고 정의할 수 없는 것으로서 놓여 있는 공리들 내지 근본개념들의 **확정**을 넘어서서 이들을 또한 **검증하고** 또 가능하다면 **근거지우는** 것 이외에 다른 것일 수 없을 것이다."[27] 그렇다면 이러한 근거지우기는 어떻게 가능할 수 있는가? 그것은 가능한 학문의 영역 바깥으로 나가는 일인 까닭에 단적으로 비학문적인 것으로 전락되는 것이 아닌가?

그러나 근거지우기의 가능성 자체가 어떻게 해명되어야 하는가의 문제와는 별도로 사실 학문들의 체계적인 연관의 확립이라는 과제가 특별히 철학적이라는 것은 쉽게 이해될 수 있다. 왜냐하면 개별학문들의 핵심에는 서로 다른

---

27) V. Hösle, 앞의 책, 30쪽.

학문들의 질서연관과 근거지우기연관을 확립하고자 하는 관심이 놓여 있지 않을 수 없기 때문이다. 이러한 관심은 특수한 하나의 학문이 한편으로 다른 학문을 전제하여 그와 연관되면서도 다른 한편으로 그에 맞서 어떻게 자기 특유의 영역을 구성하는지를 분명히 하고자 하는 것이다. 그러나 그러한 일은 분명히 철학에게 주어진 과제이다. 왜냐하면 가령 생명은 화학적인 것을 전제하고 있으면서도 독자적인 학문, 즉 생물학의 대상을 구성하고 있는데, 이와 같은 연관의 해명은 분명히 생물학의 수단들을 가지고서 확정될 수 없고 오로지 철학적인 범주론을 토대로 해서만 이루어질 수 있기 때문이다. 요컨대 철학만이 하나의 범주에 대해 그것이 뭔가 본질적으로 새로운 것을 의미하면서 다른 범주와 연관 맺는 방식을 해명해 줌으로써 다른 학문과 구별되는 하나의 학문의 독자성을 옹호할 수 있는 것이다.[28)]

---

28) 이러한 것은 우리 시대의 철학적 논란의 중심에 자리잡고 있는 환원주의의 문제와 관련된다. 환원주의란 좀더 복잡한 구조가 좀더 단순한 구조에 다름 아닌 한에서 전자를 후자로 되돌리는 이론이다. 이러한 환원주의적 태도에서 예를 들어 생명은 의심할 여지없이 화학적이며, 철학은 의심할 여지없이 사회적 과정에 의해 제약된다. 따라서 환원주의자들이 보기에 생명은 화합

그러나 피히테의 학문론이 그저 학문들의 체계적인 질서연관만을 확정하고자 하는 데 그치는 것은 아니다. 그것은 학문들의 근거명제들, 즉 원리들을 근거지우고자 하며, 앞에서 플라톤의 용어법을 이용하여 말했던 것처럼 학문

물 이외에 아무것도 아니며, 철학적 이론은 사회적 관계의 반영 이외에 아무것도 아니다. 물론 환원주의가 좀더 복잡한 구조가 좀더 단순한 구조에 기반한다는 점을 밝히고 서로 관계하는 것들의 모종의 제약관계를 확립하는 것이라면 그것은 오류가 아닐 것이다. 그러므로 환원주의에서 새롭게 성립한 생명이나 철학의 발생을 설명하기 위해 이미 잘 알려진 물리학적, 화학적인 법칙이나 사회학적 법칙들과는 전혀 다른 특수한 법칙들을 불필요한 것으로 여기는 것은 전혀 잘못이 아니다. 그럼에도 불구하고 단순한 구조에 기반하고 또 그에 제약되는 단계의 범주적인 새로움을 부정하는 것은 환원주의가 범하는 결정적인 오류라 할 것이다. 왜냐하면 가령 인간 두뇌의 기능을 자연과학적 법칙들을 토대로 설명할 수 있다고 해서 그로부터 인간의 정신현상이나 그 내용이 생물학적 물질 이외에 아무것도 아니라는 결론이 따라 나오는 것은 전혀 아니기 때문이다. 요컨대 좀더 단순한 구조들을 토대로 한 설명가능성은 좀더 복잡하고 범주적으로 새로운 존재자들의 출현을 배제하는 것이 아닌 것이다. 그러므로 환원주의 문제는 개별과학적인 차원에서는 원리적으로 해결될 수 없다. 생명이나 정신이 선행하는 구조와는 구별되는 새로운 구조들이며, 따라서 그것들은 당연히 고유한 학문의 대상을 이룬다고 하는 것은 개별과학적인 수단들을 가지고서 확정될 수 없고, 오로지 철학적인 범주론을 토대로 해서만 이루어질 수 있다. Vittorio Hösle, 앞의 책, 31쪽을 참조하시오.

들의 근거지어진 명제들의 휘포테세이스를 철학의 더 이상 뒤로 물러설 수 없는 근거명제들의 안휘포테톤에로 환원시키고자 한다. 그러면 이러한 학문론의 강령은 과연 정당화될 수 있는 것인가? 이러한 정당성의 문제에 접근하기 위해서 우리는 먼저 다음과 같은 점을 상기해 보아야 할 것이다. 그것은 각각의 학문들에서 지금까지 증명할 수 없는 공리들로 여겨졌던 명제들을 좀더 보편적인 다른 명제들로 환원시키는 것이 개별학문들 자체의 목표이며, 심지어 학문적 진보를 재는 가장 중요한 척도들 가운데 하나라고 하는 것이다. 우리는 이러한 예들을 과학사에서 쉽게 찾아볼 수 있다. 가령 케플러에서 뉴턴에로의 진보는 케플러가 경험적으로 귀납하여 찾아낸 행성운동의 법칙들이 뉴턴의 중력법칙으로부터 도출될 수 있다는 점에 놓여 있다. 요컨대 케플러 이론의 틀 안에서 공리였던 것이 뉴턴의 체계에 있어서는 정리로 되는 것이다. 그리고 화학원소들의 수많은 특성들이 이전에 이미 경험적으로 확립되어 있었지만 그것들에 대한 분명한 이론적 이해는 19세기 후반부에 주기체계가 세워졌을 때 비로소 이루어질 수 있었다. 그러므로 이러한 발견의 의미는 화학 원소들에 관한 새로운 경험적 통찰들이 획득된 것이 아니라 일군의

이미 잘 알려진 결과들이 이론적으로 일정한 연관 속에서 이해될 수 있게 된 데 놓여 있었던 것이다.[29]

이로부터 우리는 대부분의 위대한 과학이론들이 지니는 의미가 새로운 경험사실들의 발견에 놓여 있는 것이 아니라 이미 오래 전에 알려진 것들을 소수의 원리들로 환원시킨 것에 놓여 있다는 것을 파악할 수 있다. 다시 말하자면 일반적으로 공리들의 감소 내지 그 공리들을 좀더 고차적인 원리들을 통해 정리로 만들어 가는 것이 학문적 진보의 결정적인 기준들 가운데 하나라는 것이다. 따라서 이러한 원리적 기준에 비추어볼 때 모든 자연법칙들은 하나의 공리로부터 도출될 수 있다.[30] 하지만 자연과학의 모든 명제들이 하나의 공리로부터 도출된다 하더라도 그와 같은 통일적인 자연과학의 근거명제는 여전히 증명 불가능한 것으로 남지 않을 수 없다. 왜냐하면 피히테가 올바르게 파악하고 있는 것처럼 각각의 개별과학은 공리적인 명제를 전제하지 않을 수 없고, 따라서 그 명제를 전제

---

29) 같은 책, 32쪽을 참조하시오.

30) 물론 자연과학은 여전히 그러한 상태로부터 멀리 떨어져 있다. 하지만 이러한 목표의 실현 가능성은 잘 알려져 있는 것처럼 하이젠베르크나 바이츠제커의 확신이었다.

할 뿐 자기 스스로 증명하지 못한다는 것이 단적으로 개별과학의 원리적인 한계를 이루고 있기 때문이다. 더 나아가 피히테가 역시 적절하고도 명확하게 지적하고 있는 것처럼 각각의 개별과학들은 내용의 측면에서 증명할 수 없는 근거명제들뿐만 아니라 또한 형식의 측면에서도 연역의 방법을 전제한다. 그러므로 그 연역규칙들 역시 정당화되어야만 한다.31) 그러므로 피히테가 개별과학들의 공리들32)과 그 연역규칙들을 증명할 수 있는 메타학문인 학문론이 존재한다면 그것은 학문 일반의 학문이자 최고의 학문으로 파악되어야 한다고 한 것은 올바르다고 여겨져야

---

31) 형식논리학이 공리화되는 경우에도 논리적으로 참된 모든 명제들을 증명하기 위해서는 공리체계뿐만 아니라 그 연역규칙들도 정당화되어야만 할 것이다. V. Hösle, 앞의 책, 33쪽 참조.

32) 피히테는 모든 학문은 오직 하나의 근거명제, 즉 하나의 공리만을 가진다고 전제하는 것처럼 보인다. 그것은 언뜻 보아도 불합리하다고 할 수 있을 것이다. 왜냐하면 하나 이상의 명제로 이루어지는 모든 학문에는 다수의 공리들이 근저에 놓여 있기 때문이다. 그러나 피히테의 이러한 가정이 지니는 불합리성은 그리 심각한 것이 아니다. 왜냐하면 다수의 공리들도 그 공리들의 연언을 통해 하나의 명제로 통합될 수 있으며, 이러한 수정을 통해 메타학문에 대한 피히테의 논증에는 구조적으로 아무런 변화도 일어나지 않기 때문이다. 같은 책, 같은 곳, 각주 39 참조.

만 한다. 요컨대 학문론은 학문을 올바른 명제들의 단순한 집합 이상으로 만드는 것, 즉 수많은 개별적 성과들을 더 이상 뒤로 물러설 수 없는 가능한 한 소수의 원리들로 환원시키는 논리적 구조를 가장 엄밀하게 소유하는 것이다.

만약 우리가 이렇듯 엄밀한 학문성을 추구하는 '학문론'의 이념을 선험적으로 거부한다면 그것은 말 그대로의 의미에서 비과학적일 것이다. 왜냐하면 본래 이와 같은 '학문론'의 구상은 유한한 개별과학들의 내용과 형식에서의 필연적인 한계에 대한 통찰과 그러한 한계를 넘어서고자 하는 바람에서 비롯되기 때문이다. 그러므로 증명되지 않은 채 전제되고 있는 것들을 엄밀하게 근거지우고자 하는 이러한 구상은 학문의 학문적 성격에 대한 이상적 태도를 철저히 견지하는 것으로 파악될 수 있다. 일반적으로 피히테를 비롯한 독일 관념론의 철학은 비과학적이라고 간주되고 있지만, 철학의 학문성 내지 과학성에 대한 위와 같은 정열을 고려한다면 관념론적 철학들을 비과학적이라고 생각하는 이러한 평가는 단적으로 편견 내지 불충분한 이해에 기인하는 것으로 여겨지지 않을 수 없을 것이다.

그러나 철학의 학문적 성격에 대한 추구가 무엇을 의미하든 개별학문의 근거명제들의 근거지우기는 어떻게 가능할 수 있을 것인가? 근거지우기가 상위의 근거를 요구하는 한 그것은 결국 앞에서 보았던 뮌히하우젠 트릴레마와 같은 불합리에 빠져드는 것은 아닌가? 우리가 이러한 불합리로부터 벗어날 수 있는 것은 분명히 더 이상 어떠한 상위의 근거도 지니지 않는 단적으로 무전제적인 사유, 즉 최종근거지우기나 자기근거지우기와 같은 어떤 것이 존재할 때뿐이다.

그렇다면 최종적으로 근거지어지는 명제는 도대체 어떠해야 할 것인가? 물론 피히테는 『학문론의 개념에 관하여』에서 이 문제에 관해 정확한 해명을 제시하고 있지 않다. 하지만 피히테의 논의 가운데 우리가 주목하지 않을 수 없는 것은 학문론의 절대적인 최초의 근거명제에서 형식과 내용이 필연적으로 일치하지 않을 수 없다고 하는 그의 논증이다. 요컨대 그는 학문론의 최초의 명제는 내용과 형식을 가져야만 하고 또 그것은 최초의 명제인 한에서 직접적으로 그리고 자기 자신을 통해서 확실해야만 하는데, 이렇듯 자기 자신을 통해서 확실하기 위해서는 그 명제의 내용이 그 형식을 그리고 그것의 형식이 그 내용을 규정한다는 것 이외에 다른 것을 의미할 수 없다고 논증하고 있는 것이다. 그런데 우리는 이러한 철학의 명제내용과 명제형식의 상호규정을 통한 일치에 관한 피히테의 반성을 최종근거지우기와 체계이념에 관한 철학적 사유의 새로운 길을 여는 것이라 인정해야 할 것이다. "왜냐하면 형식과 내용의 일종의 **연관**의 구상을 통해서만 첫째로 **최종근거지우기가**, 둘째로 **학문들의 근본가정들의 구성**이 달성될 수 있다는 것을 파악하는 것은 어렵지 않기 때문이다."[33] 만약 학문들의 최종적인 근거가 명제의 내용과 형식의 일치를 통해 구조화된 것이 아니라면 학문들이 전제하는 개념적인 구조가 한갓 형식적인 어떤 것일 뿐이라는, 즉 바로 형식논리학일 뿐이라는 일반적인 견해가 쉽사리 정당화될 수 있을 것이다. 하지만 한갓 형식적일 뿐인 것으로부터는 도대체가 어떠한 실질적인 내용도 주어질 수 없다. 그러나 피히테는 그가 정당하게도 오직 지식 형식의 학문으로 해석하는 논리학이 아니라 형식과 내용이 뗄 수 없는 통일을 형성하는 최종근거지우기와 그로부터 내용과 형식에 따라 연역됨으로써 마찬가지로 내용과 형식이 통일되어 있는 학문의 구상을 발전시키고 있는 것이다.

그러므로 만약 우리가 그와 같이 형식과 내용이 통일된

---

33) 같은 책, 35쪽.

학문을 헤겔의 용어법에 따라 내용을 갖춘 논리학이라 부른다면, 그러한 내용을 갖춘 논리학의 토대 위에서는 이제 선험적으로 개념을 통해 규정될 수 있는 것은 인식의 형식일 뿐만 아니라 내용이기도 하다. 그리고 우리가 그렇게 말할 수 있을 것처럼 결국 피히테의 구상이 내용적 논리학으로부터 전적으로 벗어나는 것은 아니라는 것을 통찰하기 위해서는 다음과 같은 점을 숙고해 볼 필요가 있을 것이다. 요컨대 일반적인 논리학은 스스로를 형식논리학으로 표상함으로써 그 스스로 형식과 내용이 곧바로 분리될 수 있다고 전제하지만, 그러나 이 가정은 그것이 형식과 내용이라는 범주들의 분리라는 결코 근거지어지지 않은 관계를 전제하는 한에서 이미 형이상학적인 것이라고 해석되어야만 한다는 것이다.[34]

---

34) 사실 형식과 내용의 분리라는 결코 정당화되어 있지 않은 관계를 다른 방식으로 규정하는 것은 독일 관념론의 주요 관심사 가운데 하나이다. 예를 들어 헤겔의 『논리의 학』은 내용적 논리학의 구상을 실현하고자 하는 기획으로서 이해될 수 있을 것이다. 가령 헤겔은 『논리의 학』 서론에서 다음과 같이 논증하고 있다. 즉 일반적으로 논리학은 내용으로 충만한 진리를 결여하고 있는 한갓 형식적인 사유의 학문일 뿐인 것으로 받아들여지고 있다. 논리학은 참된 인식의 한갓 형식적인 조건들만을 제시할 뿐 실재적 진리 자체를 포함하는 것은 아니어서 다만 실재적 진리에

이르는 길일 수 있을 뿐이며, 진리의 본질적인 것을 이루는 내용은 논리학 외부에 놓여 있다고 여겨지는 것이다. 그렇다면 이러한 생각은 어떤 까닭에서 비롯된 것인가? 논리학이 한갓 형식적인 학문에 불과한 것으로 받아들여지고 있는 것은, 그것이 소재를 결여하고 있기 때문이 아니라 다만 전통적인 논리학에서 그 논리적 형식들이 고찰되고 취급되는 양식 때문일 뿐이다. 즉 이전의 논리학에서는 논리적 형식들이 고정된 규정들이자 서로 분열되어 유기적 통일 속에 결집되지 못한 죽은 형식들로 받아들여짐으로써, 그것들 속에 그것들의 생동하는 구체적 통일인 바의 정신이 자리잡지 못하고 있는 것이다. 그러나 논리적 형식들의 옹골찬 내용은 이러한 추상적 규정들의 확고한 토대와 구체화 이외에 다른 것이 아니며 논리적 이성 자체는 모든 추상적 규정들을 자기 내에 결집시키고, 그들의 옹골찬, 절대-구체적인 통일인 실체적인 것 또는 실재적인 것이다. 다시 말하자면 논리학이 실질을 가지지 못하는 까닭은 논리학의 대상 탓이 아니라 오직 그것이 파악되는 양식의 탓일 뿐으로 논리학의 이렇듯 죽어버린 골격을 정신을 통해 실질과 내용을 지닌 것으로 생동하게 하기 위해서는 그것의 방법이 오직 그것을 통해서만 논리학이 순수학문일 수 있는 바로 그것이어야만 한다. 그런데 유일하게 철학적 학문의 참다운 방법, 즉 학적인 전진을 이룩하기 위해 유일한 것을 통찰하기 위해서 우리는 다음과 같은 논리적 명제의 인식을 위해 노력해야 한다. 즉 부정적인 것은 그와 마찬가지로 긍정적이라는 것, 또는 자기 모순적인 것은 영, 즉 추상적인 무로 해소되는 것이 아니라 본질적으로 오로지 그의 특수한 내용의 부정에로 해소된다는 것, 또는 그와 같은 부정은 전면적인 부정이 아니라 해소되는 특정한 사태의 부정이며, 따라서 규정된 부정이라는 것, 그러므로 결과 속에는 본질적으로 그 결과가 그로부터 결과된 것이 포함되어 있다는 것이다. G. W. F.

어쨌든 피히테가 말하는 의미에서 형식과 내용을 통일시키는 학문론과 사유의 형식만을 자기의 주제로 가지는 형식논리학의 상호관계가 문제로 된다면 학문론이 논리학보다 우월한 학문이어서 논리학이 학문론을 토대짓는 것이 아니라 학문론이 논리학을 토대지어야 한다는 것은 거의 의심할 바 없을 것이다. 왜냐하면 한갓 형식만을 다루는 논리학으로서는 피히테가 파악하고 있는 것처럼 내용적인 명제를 근거지을 수 없을 뿐만 아니라 나아가 명제들 사이의 가언적인 관계, 즉 명제들 사이의 함언을 그저 내세울 수 있을 뿐이기 때문이다. 이것은 다시 말하자면 형식논리학이 자기의 형식적인 근본가정 A = A 그 자체를 전혀 근거지을 수 없으며, 따라서 논리학 역시 다른 개별학문들처럼 자기의 공리들을 증명할 수 없다는 것을 의미한다. 그러므로 우리는 그 밖의 학문들의 형식적인 측면을 근거지우고자 하는 논리학이 학문론과는 달리 결코 자기 자신을 근거지우는 학문이 아니라는 점을 파악하게 되는 것이다.

Hegel, Werke in zwanzig Bänden, hg. von E. Moldenhauer und K. M. Michel, Frankfurt, 1968-1971, Bd. 5, *Wissenschaft der Logik* I, 35쪽 이하를 참조하시오.

물론 피히테는『학문론의 개념에 관하여』에서 그와 같이 내용과 형식을 통일시키고 있는 이른바 내용적 논리학이 존재할 수 있고 또 그러해야만 한다고 하는 것을 상론하고 있지 않을 뿐만 아니라 더 나아가서는 도대체 증명하려고 하지 않는다. 그는 다만 그것의 필요성과 가능성을 내비치고서는 그것의 가능한 구조를 순수하게 가언적으로만 분석할 뿐이다. 그럼에도 불구하고 피히테는 그와 같은 학문론의 방법과 일반적인 형식논리학적 연역방식이 구별된다는 점을 분명히 보여주고 있다. 요컨대 피히테는 학문론이 실현해야 할 체계적 완전성 문제를 발전의 끝에서 다시 근거명제가 출현해야만 그 발전이 완결되는 것으로 여겨질 수 있다는 요구를 통해 해결하고자 시도하는 것이다. 그러나 이러한 구상은 방법적인 진행이 형식논리적인 공리체계를 통해 이루어지는 경우에는 실현될 수 없다. 왜냐하면 그 경우에는 전개의 모든 단계에서 최종적인 근거지우기가 주어지지 않은 채로 중단될 수 있을 것이기 때문이다. 따라서 체계적 완성을 위한 연역 방법의 좀더 정확한 엄밀화와 순환적 구조들의 의미에 대한 좀더 날카로운 해명이야말로 피히테 이후의 독일 관념론에게 주어진 가장 긴급한 과제들 가운데 하나인 것이다. 이 과제는 본래 헤겔에 이르러서야 비로소 해결되는 것이지만, 이와 관련해서 우리는 헤겔에서의 개념의 원환운동에 대한 논증이 가지는 중요성을 상기해 볼 수 있을 것이다.

그러나 형식논리학과 내용적 논리학의 관계는 피히테가 미처 파악하지 못했던 측면도 포함하고 있다. 물론 반성적으로 자기 스스로를 근거지우는 것으로 파악되는 학문론과 같은 학문이 선험론적 근거지우기 구상에서 논리학보다 선행한다는 것은 분명하다. 하지만 다른 한편으로 마찬가지로 분명한 것은 그러한 학문 자체도 철저히 형식논리학의 법칙들에 따라 논증하지 않을 수 없다는 것이다. 학문론이 논리학을 근거지우지만 학문론 역시 논리학의 법칙에 따라 논증하지 않을 수 없다면 학문론과 형식논리학의 관계 역시 최종적으로 근거지어질 수 없는 악순환에 빠져드는 것처럼 보인다. 독일 관념론에서 이 문제의 해결을 위해 논리학 자체를 형이상학의 한 부분으로 하는 설득력 있고 유일한 대안으로 나아간 사람은 바로 헤겔이었다.[35]

---

35) 헤겔은 자신의 『논리의 학』을 "순수이성의 체계"이자 "절대적 형식 자체인 순수사상"의 터전으로서 사유형식을 오직 논리적이며 순수하게 이성적인 것으로서 고찰하고 있는데, 따라서 헤겔

철학의 성립과정은 논리학의 체계 내 위치, 즉 논리학과 형이상학의 관계에 대한 구상의 변화과정이라고 볼 수 있다. 예나 시대 초기의 헤겔에 의해 작성된 「최초의 체계안」에서 논리학에 맡겨진 임무는 오성적 반성의 유한성의 형식들을 나열하고 유한자가 무화되어 무한자로 이행하는 것을 고찰하는 것이었다. 즉 이 당시 논리학에서는 사유의 형식들이 오성에 의해 파악되는 것으로 그 유한성에 있어서 각각이 상호 분리된 채로 제기될 뿐만 아니라 유한한 반성규정들이 자체 내에 자신의 반대물을 지님으로써 스스로 지양된다는 것이었다. 반면에 형이상학은 논리학을 통해 사유가 유한자의 자기 부정에 의해 도달한 무한성 혹은 절대자를 대상으로 하는 까닭에 논리학은 본래적인 철학을 이루는 형이상학에의 입문으로서 대립과 분열에 고정되어 있는 유한한 인식을 무한한 인식으로 이끌어 올리는 과제를 담당하는 것이었다. 헤겔은 초기체계에서 반성철학의 비판, 즉 유한한 사유에 대한 방법적 비판을 통해 그것이 무한한 사유로 필연적으로 이행하게 됨을 보여주는 논리학의 영역과 절대자의 서술 자체인 이성의 체계로서의 형이상학의 영역을 구분하고 있는 것이다. 그러나 1804/5년의 「논리학, 형이상학, 자연철학」에서 논리학의 내용은 커다란 변화를 보여주는데, 그것은 본래 형이상학의 주제를 이루는 무한성의 범주가 논리학에서 다루어지게 되었다는 것이다. 물론 여기서도 무한성은 여전히 형이상학의 주제로서 각각 논리적 무한성과 형이상학적 무한성으로 구분되고 있지만, 이제 입문으로서의 논리학과 본래적인 철학으로서의 형이상학의 관계가 사라지고 1812/16년의『논리의 학』은 형이상학의 주제를 완전히 논리학의 주제로 변화시킴으로써 "영원한 본질 속에 깃들인 신의 서술", "단순한 본질성의 세계"인 논리의 체계를 서술하는 것이다. 그러므로 『논리의 학』이야말로 "본래적인 의미의 형이상학이며 순수한 사변철학을 형성한다." K. Düsing, Spekulation

마지막으로 『학문론의 개념에 관하여』에서의 학문론 구상에서 파악되는 또 다른 미진함이 지적되지 않을 수 없다. 그것은 철학, 즉 보편적 학문론과 개별학문들을 구별하는 데서 나타나는 결함이다. 이 문제와 관련하여 피히테는 정신의 필연적인 행위들과 자유로운 행위들 간의 구별을 기초로 하여 정신의 필연적인 행위들은 철학의 대상이며, 자유로운 행위들은 특수한 학문들의 대상이라고 언급하고 있다. 이러한 피히테의 언급들은 모호하고 만족스럽지 못하다고 할 수 있는데, "왜냐하면 첫째로 그것들은 정신의 어떤 행위들이 필연적인 것으로, 그리고 어떤 것들이 자유로운 행위들로 여겨질 수 있는지를 분명히 하지 않고 있으며, 둘째로 학문들을 구성하는 행위들의 '자유'가 학문들의 본질에 대한 내용적인 규정에서가 아니라, 오로지 사실의 정립에서 존립하기 때문이다. 이러한 방식으로는 철학에 의한 학문들의 흡수를 저지하기가 어렵다. 오히려 설명이 필요한 것은 개념이 그에 대해 충분한 구성조건이 아니라 다만 필요한 구성조건들을 제공할 뿐이고, 따라서

---

und Reflexion, in Hegel Studien, Bd 5, H. Bouvier Verlag, Bonn, 1969, 124쪽 이하, 특별히 156-159쪽과 G. W. F. Hegel, *Wissenschaft der Logik* I, 제 1 판 서문을 참조하시오.

학문들에게 고유한 영역이 계속해서 남겨지는 단순한 사실성의 (불완전한) 영역이 과연 존재하는가 아닌가 하는 점일 것이다."36)

---

36) V. Hösle, 앞의 책, 37쪽. 어쨌든 이 문제 역시 헤겔에게서는 실재철학이 논리학을 전제하면서도 독자적인 영역을 구성하는 방식으로 실현되고 있다 할 것이다.

4. 맺는 말 : 피히테의 주관적 관념론의 한계와 체계이념의 실현 과제

물론 피히테의 『학문론의 개념에 관하여』는 강령저술일 뿐이다. 요컨대 피히테의 그 저술에서 나타난 학문의 체계 이념과 그것의 구체적 실현의 문제는 서로 다른 것이다. 사실 독일 관념론의 계속된 발전 과정에서 가장 중요한 철학적 변화들은 앞에서 이미 말한 것처럼 피히테의 체계 강령에서 벗어난 데 있는 것이 아니라, 오히려 피히테의 『전체 학문론의 기초』가 그러한 것처럼 그 강령의 성취에 대한 다양한 비판으로부터 성립한다. 따라서 여기서는 『기초』의 가장 중요한 사상들을 짧게 묘사하고, 피히테의 강령이 구체적으로 실현될 수 있는 방향을 모색하는 것으로 맺는 말을 대신하고자 한다.

피히테는 최초의 단적으로 무제약적인 근거명제로서 자아의 절대적 자기동일성을 가정한다. "내가 존재하기 때문에, 나는 단적으로 존재한다." 방법상으로 그는 동일률 A = A에 관한 고찰에서 이 명제에 도달하고 있다. 그러나 명제 'A는 A이다'는 만일 A가 있다면 A가 있다는 것으로서, 오히려 A는 자아 안에 그리고 자아에 의하여 정립된다. A는 오로지 자아 일반 안에 정립됨에 의해서만 단적으로 자아에 대해 존재하는 것이다. 그러므로 학문론의 최초의 근거명제가 A는 A라는 논리적 공리로부터 연역될 수 없고 오히려 그 공리가 최초의 근거명제에 의해 근거지어지는 것이다. 이 점은 규정된 행위로서의 모든 판단을 추상하여 얻게 되는 실재성의 범주에서도 마찬가지다 (GdgW, 93-99쪽).[37]

---

37) 일반적으로 피히테는 모든 범주들을 자아로부터 도출할 것을 요구한다. "실재성의 범주를 적용할 수 있는 우리의 권한에 관한 물음에 근거하는 … 마이몬적 회의주의조차도 일반 논리학의 타당성을 인정함으로써 이 권한을 모르는 사이에 전제하고 있다. 그러나 모든 범주 자체가 그로부터 도출되는 그 어떤 것은 제시될 수가 있는데, 그것은 바로 절대적 주체로서의 자아이다."

피히테는 두 번째의 근거명제의 경우에도 마찬가지로 논리적 공리, 즉 A ≠ A로부터 출발한다. 그리하여 그 공리의 A 자리에 '나'가 놓여짐으로써 "나에게는 비-아가 대립된다."(GdgW, 104쪽)는 명제가 출현한다. 피히테에 따르면 이 명제는 대립의 형식에 관계되는 것으로서 최초의 명제로부터 도출될 수 없다. 그러나 그것은 내용적으로 A

(GdgW, 99쪽) 그리하여 실재성의 범주에서와 마찬가지로 "비아는 자아에 단적으로 대립된다"는 두 번째 근거명제가 부정성의 범주를 산출하며(GdgW, 105쪽), 세 번째의 근거명제, 즉 "자아는 자아 안에서 가분적 자아에 대해 가분적 비아를 대립시킨다"는 명제는 제한의 범주를 산출한다. 그리고 이제 그것은 양으로 넘어간다(GdgW, 108쪽 이하). 그리고 그 밖의 범주들은 각각 그 나름의 연역 맥락에서 출현한다. 분명히 이것은 범주들을 일정한 연역의 원리 없이 그저 긁어모으는 것이 아니라 그 필연성에 따라 체계적으로 도출하려는 철학사상 최초의 이성적 시도였다. 헤겔은 『철학사 강의』에서 피히테가 범주들의 연역을 시도한 것에서 그의 가장 커다란 업적을 인식하고 있다. "좀더 자세하게 하자면 피히테는 이제 특수한 범주들을 그로부터 도출하려고 시도한다. 아리스토텔레스 이래로 어떤 사람도 생각하지 않았던 것 — 사유규정들을 그들의 필연성, 그들의 연역, 그들의 구성에서 제시하는 것 —, 바로 이것을 피히테가 시도했다. … 그것은 범주들을 연역하고자 하는 세계에서 최초의 이성적 시도이다." G. W. F. Hegel, Werke in zwanzig Bänden, hg. von E. Moldenhauer und K. M. Michel, Frankfurt, 1968-1971, Bd. 20, *Vorlesungen über die Geschichte der Philosophie* III, 401쪽.

에 관계됨으로써 첫 번째 명제에 의해 제약된다(GdgW, 103쪽). 그와 달리 첫 번째 명제와 두 번째 명제를 매개하는 세 번째 근거명제는 첫 번째와 두 번째 명제를 매개해야 한다는 의미에서 형식에 따라 그 둘에 의해 제약되지만 내용적으로는 도출 불가능한 새로움을 보여준다. 두 개의 최초의 근거명제들 사이의 매개가 요구되는 것은 바로 대립의 명제도 자아에 의해서 정립되어 있고, 따라서 자아와 비-아가 동시에 자아 속에서 정립되기 때문이다(GdgW, 106쪽). 자아와 비-아가 자아 속에서 동시에 정립된다는 이러한 모순은 오로지 자아와 비-아가 서로를 제한함으로써만 해결될 수 있는데, 그러한 것은 오직 그때그때마다 가분적 자아와 가분적 비-아의 접합에 의해서만 가능하다(GdgW, 108쪽 이하). 따라서 세 개의 근거명제들은 다음과 같이 요약될 수 있다. "자아는 자아 안에서 가분적 자아에 대해 가분적 비-아를 대립시킨다."(GdgW, 110쪽)[38]

---

38) 여기서 중요한 것은 가분적 자아와 가분적 비-아 모두 최초의 근거명제의 절대적 자아 안에 정립되어 있으며(GdgW, 109쪽 이하), 자아와 비-아를 포괄하는 이러한 절대적 자아에 가분적 자아 자체가 대립된다(GdgW, 110쪽)는 점이다. 따라서 피히테에

피히테는 이와 같은 세 가지 근거명제로부터 학문론의 전 체계를 연역하고자 한다. "이제부터 인간 정신의 체계에서 나타나야 할 모든 것은 앞서 제시된 근거명제들로부터 도출될 수 있어야 한다."(GdgW, 110쪽) 그리하여 전체 학문론의 근거명제들을 다루는 『전체 학문론의 기초』의 제1부에 뒤이어, 자아가 자기 자신을 비-아에 의해 제한되는 것으로서 정립하는 "이론적 지식의 기초"와 그와 반대로 비-아가 자아에 의해 제한되는 것으로서 정립되는 "실천적 지식의 기초"를 다루는 두 특수부분들이 뒤따른다(GdgW, 125쪽 이하). 이 두 부분들에서 문제로 되는 것은 본질적으로 자아와 비-아가 서로 규정적으로 관계하는 데서의 상이한 정도이다. 이러한 방식으로 피히테는 근본적인 존재론적 범주들뿐만 아니라 일체의 이론적이고 실천적인 이론능력들에 도달하고자 시도하는데, 이들은 이 글의 관심 영역을 넘어서는 까닭에 여기서는 더 이상 다루지 않겠다.

게 있어서 자아는 긍정적인 어떤 것(자아)이 긍정적인 것(자아)과 부정적인 것(비-아)을 포함하고 있는 구조로서 원리이자 동시에 원리지어진 것이며, 헤겔식으로 말하자면 "동일성과 비동일성의 동일성"이다.

그러면 피히테가 자신의 강령을 성취한 이러한 체계 실현은 어떻게 평가될 수 있을 것인가? 지금까지 간략히 살펴본 것만으로도 우리는 피히테의 체계 실현에서 다음과 같은 몇 가지 결정적인 결함을 파악할 수 있다. 그것은 첫째, 최고의 원리로서 최종근거지우기의 지평을 형성하는 자아의 내용적 규정이 엄밀하지 않다는 점이다. 피히테 구상의 근저에 놓여 있는 통찰은 분명히 최고의 원리는 반성적이고 더 이상 그 뒤로 물러설 수 없어야만 하며 또 다른 가능성을 허락하지 않는 유일한 원리이어야 한다는 것이다. 그러나 피히테는 자아가 실제로 유일한 반성적 원리라는 것을 제시하지 못하고 있다. 그는 심지어 다른 반성적 원리가 존재한다고 생각될 수 있다는 점을 배제하지 않음으로써 최종적 원리로서의 자아라는 단초는 다만 가언적인 것으로 남아 있을 뿐이다. 따라서 참으로 반성적이고 더 이상 뒤로 물러설 수 없는 것으로서 유일하게 생각될 수 있는 최종적 원리를 모색할 과제가 여전히 이후에 전개될 독일 관념론에게 맡겨져 있는 것이다.

두 번째 결함은 피히테의 두 번째 근거명제에서 언표되고 있듯이 자아의 유한성이 쉽사리 파악될 수 있다는 점이다. 사실 피히테에게서 두 번째 근거명제는 연역되었다

기보다는 그저 제시되어 있을 뿐이다.39) 어떻게 해서 자아에 비-아가 대립되어야 하는가 하는 것은 어떤 것에 의해서도 근거지어져 있지 않을 뿐 아니라, 근거지우기 문제와 관련하여서는 심지어 절대적 원리로부터 출발하고자 하는 단초와 모순되기까지 하는 것이다. 물론 앞서 보았던 것처럼 피히테는 비-아와 대립되는 자아를 첫 번째 근거 명제의 절대적 자아와 분명히 구별하고 또 가분적 자아와

---

39) 헤겔은 철학사 강의에서 피히테의 두 번째 근거명제에 대해서 "여기서 연역은 도대체가 이미 글러 버렸다"고 언급하고 있다. G. W. F. Hegel, Bd. 20. 396쪽. 이미 차이저술에서도 헤겔은, 도대체가 최초의 절대적 근거명제에 대해서는 그에 의해 완전히 규정되지 않은 그 이상의 명제들이 들어설 수 있다고 비판한다. 요컨대 그렇게 됨으로써 첫 번째 명제의 절대성이 상실된다는 것이다. "두 번째와 세 번째의 근거명제가 피제약적인 만큼, 첫 번째 근거명제도 그러하다. 이미 절대적 행위의 다수성이, 비록 그 행위의 내용이 전적으로 알려져 있지 않다 하더라도, 직접적으로 그러한 점을 지시하고 있다. … 그러나 자아 = 자아가 다수의 근거명제들 가운데 하나로서 세워지는 이러한 형식 속에서는, 이 근거명제는 경험적 자기의식에 대립된 순수한 자기의식의 의미, 즉 공통의 반성에 대립되는 철학적 반성의 의미 이외에 다른 어떤 의미도 지니지 않는다." G. W. F. Hegel, Werke in Zwanzig Bänden, hg. von E. Moldenhauer und K. M. Michel, Frankfurt, 1968-1971, Bd. 2, *Differenz des Fichteschen und Schellingschen Systems der Philosophie*, 57쪽.

가분적 비-아를 절대적 자아 안에 정립하고 있다. 그러나 이러한 사실에도 불구하고 자아의 유한성에서는 아무런 변화도 일어나지 않는다(GdgW, 109쪽 이하). 왜냐하면 체계의 전개를 계속해서 추동하고 있는 자아는 처음부터 끝까지 유한한 자아인 까닭에 자아와 비-아의 대립은 학문론의 끝까지 지속되며 결코 지양되지 않기 때문이다. 피히테는 시원의 절대적 자아에 대해서는 아무것도 말하고 있지 않고 또 말할 수도 없다. "그것은 단적으로 그것인 것이며, 이것은 더 이상 설명될 수 없다."(GdgW, 109쪽) 결국 절대적 자아의 이러한 무규정성으로 인해 피히테는 자신의 철학적 발전의 후기에 단순히 유한하고 또 바로 그렇기 때문에 발전할 수 있는 원리 대신에, 절대적이기는 하지만 완전히 추상적이고 바로 그런 까닭에 인식 불가능한 원리를 정립하고 있다. 그러나 그는 구체적이지만 유한한 원리나 절대적이지만 추상적인 원리가 아닌 제 3의 가능성, 즉 절대적임에도 불구하고 구체적인 원리를 파악하지 못하고 있으며, 따라서 구체적이면서 절대적인 원리에 따른 체계 구상은 독일 관념론의 다른 철학자에게 과제로 남겨지는 것이다. 다시 말하자면 『학문론의 개념에 관하여』의 강령을 현실적으로 순수하게 성취하기 위해서는 유한한 자아가 아니라 현실적으로 더 이상 그 뒤로 물러설 수 없고 그런 한에서 원리일 수 있는 것, 즉 절대적이고 논리적인 반성성의 구조이자 주관성과 객관성의 통일인 것이 모색되어야 하는 것이다.

옮긴이 : 이 신 철

연세대학교 철학과를 졸업하고 건국대학교 대학원 철학과에서 형이상학과 인식론, 독일관념론, 특히 헤겔철학을 공부했다. 현재 사단법인 국제문제조사연구소의 연구위원으로 재직하며 인간중심철학과 객관적 관념론과의, 그리고 이론철학과 실천철학과의 접점에서 제기되는 문제들에 천착하고 있으며, 숭실대학교 기독교 대학원의 겸임교수로 강의하고 있다.

저서로는 『주체사상과 인간중심철학』(공저), 『한국철학의 탐구』(공저) 등이 있으며, 역서로 『역사적 유물론』, 『순수이성비판의 기초개념』, 『우리는 어디로 가는가?』 등이 있고, 주요 논문으로는 『방법으로서의 체계 — 헤겔의 "논리의 학"을 중심으로』(박사학위논문), "헤겔 논리학에서의 시원의 논리구조" 등이 있다.

학문론 또는 이른바 철학의 개념에 관하여

2005년 5월 10일 1판 1쇄 인쇄
2005년 5월 15일 1판 1쇄 발행

지은이 / J. G. 피히테
옮긴이 / 이 신 철
발행인 / 전 춘 호
발행처 / 철학과현실사
서울시 서초구 양재동 338-10
전화 579-5908 · 5909
등록 / 1987.12.15.제1-583호

ISBN 89-7775-533-6   03100
값 9,000원